「やる」と決めたのに
できない人のための

本物の続ける力

井上 裕之
HIROYUKI INOUE

HABIT

CONTINUE

WAVE出版

はじめに　「シンプルで報われる行動」だけが習慣化される

行動を積み重ね、習慣化し、続ける――。

願望を叶《かな》えたり、目標を達成したり、理想の自分を実現するには、これさえやればいいと誰もがわかっています。

とてもシンプルな話なのですが、これができなくて多くの人が悩んでいるのです。

勉強、仕事・ビジネスのスキルアップ、運動、お金、健康管理……。

あらゆる分野で欲しい結果を得ようとすれば、コツコツと習慣を続けるしかありません。残念なことに、これが成功をつかむ一番の近道です。他の方法はもっと難しく、発想や才能を必要とするからです。

ではなぜ、人は自分でやると決めたのに、それを実行し、継続できないのでしょうか。

それには、２つの理由があります。

人は「欲しいもの」しか得ようとしない

ひとつ目は、**「人は本当に欲しいもの、手に入れないと困るものしか得ようとしない」**

という性質を持っているからです。

つまり、どんなに習慣化のテクニックを知っていようが、この習慣化の原理原則に反すると使えないのです。

たとえば、英語を勉強している2人の人がいるとします。

Aさんは、「英語が話せると何かと便利だし、仕事面でもメリットがありそうだ」ということで勉強を始めました。

Bさんは、「海外赴任《ふにん》が決まって、英語を話せなければ仕事ができない」ということで勉強を始めました。

私は、英語の勉強習慣を続けられるのはBさんだと考えます。もちろん、Aさんが意志力が非常に強く、ストイックな人間であれば話は別です。しかし、そんな人はめったにいません。もしそういう人が多いのなら、世の中は成功者だらけになってしまいます。

つまり、**「どうしても○○を得なければならない」という強烈な欲求がなければ、人は習慣を続けられない**のです。

本気になって行動するには、〝得たいという強い思い〟がなければなりません。

だからこそ私が言いたいのは、〝習慣化のための小手先の技術を使って続ける〟のではなく、得たいという思いから「行動を勝手に続けられる習慣」を見つけることが大切だということです。これこそ、挫折《ざせつ》しない秘訣でもあるのです。

人は「結果が得られると確信」しないと行動できない

もうひとつ、習慣を続けられない理由があります。

それは、人間は**「結果が得られると確信できる行動しかできない」**ということです。この順番で、この内容をやれば結果が出る、と確信できるレベルの行動でなければ、動き出せないし、続けられないのです。

多くの人が習慣を始める際、「この行動は結果につながるのか?」ということを、しっかり考えずにスタートしてしまいます。とりあえずやってしまうのです。

成功者は、挫折してしまう人と比べると、結果につながる行動について、回数も時間も多く長く考えているのです。

自分なりの考えで行動を決めるのではなく、より確実に結果が出る行動を調べます。さらには、問題が発生しても対応できる緻密《ちみつ》な計画を立てているのです。

「これをやっていて本当に意味があるのだろうか」「ムダな時間を過ごしているんじゃないか」と考え始めてしまうと、習慣は続けられないのです。

この2つの続けられない理由を知り、対応策を持てば、習慣は苦痛なく続けることができます。「シンプルで報われる行動」だけが習慣化されるのです。

私自身、歯科医、著者、講演家としての目標を一つひとつ達成するために本書に書いたことを実践してきました。今の自分があるのは、習慣を続けてきたからです。

「すぐに行動できない」「続けられない」「先延ばしにしてしまう」

本書では、このような悩みを解消し、ストレスなく、最短で目標を達成するための、習慣を続ける本物の力が身につけられます。

習慣の本質と、習慣化の原理原則を繰り返し述べました。行動を繰り返すことで、理想の自分は形づくられます。

さあ、はじめの一歩を踏み出しましょう。

井上裕之

本書の構成

習慣の本質を理解し、習慣化の原理原則を知ることができれば、理想の結果を得ることは可能です。

本書は、自分に必要な部分から読んでいただいてもいいですし、初めから読んでいただいても習慣が身につくようにつくられています。

第１章には、「成功者がどのように習慣を始め、続けていったのか」ということが書かれています。

第２章では、「価値のない時間を嫌悪し、あなたに与えられた時間を結果につなげるためにどうすればいいのか」ということを述べています。

第３章では、「習慣を続けるために持っておくべき視点」を紹介しました。

第４章では、「精度の高い目標と計画とは、どういうものなのか」ということをお話ししています。ゴールまで立ち止まらず進むために必要なことです。

第５章には、「挫折《ざせつ》を防ぐために知っておくべき習慣の本質」について書かれています。

第６章では、運について少し書かせていただきました。習慣を続け、新しい自分に変わった後、運によって人生を左右されてほしくないからです。

それでは、気持ちを楽にして読み始めてみてください。

本物の続ける力

目次

第1章

願望を達成する一番シンプルな方法は、行動を積み重ねること

成功者はどのように始め、続けたのか?

第2章

「価値のない時間」を過ごすことを徹底的に嫌悪する

目標を達成する人は、すべての時間を結果につなげる

第3章

結果について長く深く考えているか？

習慣が続く人はこの視点を持っている

第4章

やり抜くための目標と計画

ゴールまでスムーズに進むために
絶対に必要なこと

第5章 挫折しない人は習慣の本質を理解している

サボらず、先延ばしせず、すぐやる!

第6章

運がいい人の小さな習慣

行動の積み重ねをムダにしないために

プロデュース　森下裕士
カバーデザイン　中西啓一（panix）
本文デザイン＋ＤＴＰ　佐藤千恵
素材提供：vectortwins, Mallari, Bukhavets Mikhail, Smart Design /Shutterstock.com

第1章

願望を達成する一番シンプルな方法は、行動を積み重ねること

成功者はどのように始め、続けたのか?

習慣が人生の価値を決める

行動しなければ、習慣は続けられません。習慣がなければ、願望は叶いません。目標を達成するためには、ブレずに一貫性を持って、物事をやり遂げることがどうしても必要です。

理想を実現している人は、例外なく達成のための習慣を続けていました。勉強、仕事のスキルアップ、起業や新しい事業の準備、運動・ダイエット……、結果を得るためには、あらゆることにおいて行動を積み重ねることが必要不可欠です。だから、**私は成功するために必要なことは続けること、すなわち、行動の習慣化**だと考えています。

京セラ創業者の稲盛和夫氏も「いまこの一秒の集積が一日となり、その一日の積み重ねが一週間、一カ月、一年となって、気がついたら、あれほど高く、手の届かないように見えた山頂に立っていた、というのが私たちの人生のありようなのです」（『心に響く名経営者の言葉』ＰＨＰ研究所より）と述べています。

私は歯科医です。ここまで人生を積み重ねてきたら、現実的に職業の選択はもうできませんし、充実感を得ている歯科医をやめる気持ちもありません。

だから、仕事面で言えば、歯科医として必要なすべての勉強をすることで一流の人間にはなれます。

「どんな患者さんが来ても満足できる手術がしたい」「自分の歯科医としての客観的な価値を社会に発表することによって認められたい」、こういったことを達成しながらプライドを持って治療をしたいと思うのです。

歯科医としての目標を定め、知識や技術の習得、患者さんの話や心を理解する力を伸ばすために、日々、勉強、トレーニングをし続けてきました。

その結果、北海道という地域で歯科医院をやっていても、私の治療を受けたいと全国から患者さんが来てくれますし、国内外を問わず大学からプログラムへの協力や、学生に教えるというオファーをいただいています。

習慣を継続して、やり抜くことは人生の価値を高めます。

たったひとつの習慣を続けることの驚きの効果

何かひとつの習慣を続けて成功を体験すると、さらなる成功を目指すときに、自分がどういう学びをして、どれくらい行動をすればいいのかがわかってきます。

一度、習慣を続けて何かを達成したら、さらなる新しい目標を達成できる可能性は劇的に高まるのです。

私自身、歯科医としてのレベルを上げる習慣を続けてきたことで、その他の目標も達成できるようになりました。ビジネス書著者としての目標、講演家としての目標、肉体面での目標も達成できたのです。

ひとつの習慣を続けられれば、違う目標を達成するための習慣を続けることも可能になります。

行動を習慣化するためには、習慣化に慣れるということも大切なのです。たったひとつでいいから、何かの習慣を続けて成功するということには、大きな意味があります。

たったひとつの習慣を続けることで、同じカテゴリーであろうがそうでなかろうが、次なる成果を得ることができるのです。

小さな行動の積み重ねが、大きな相乗効果をもたらし、人生をより良いものとしてくれます。

価値ある人生を歩むことができるのです。

逆に言えば、たったひとつの習慣を実行できないのなら、理想の人生など手に入れられるはずがありません。

自分を満たすために何かを成し遂げたことがない人は、何をやってもうまくいきません。

だからこそ、習慣を続けることは、あなたの成功のために絶対に欠かせないことなのです。

「結果を得られる」と確信できなければ、人は行動しない

人生が形づくられる上では、「原因と結果」が必ずあります。

必要な習慣を続けない、持たない、これでは価値ある人生にはなりません。

逆に、いい習慣を続ければ、理想の人生は手に入ります。

願望を達成するためには、「何を、どのレベルまでやっていきたいのか」を決めることが重要です。

やっても続けられないことは、おそらくたくさんあるでしょう。

現実を直視しなければ意味がないので思い切って言いますが、**「楽しそうだからやりたい」ということで始める習慣は続きません。**

楽しそうだと思って始める習慣は、ちょっとでも「何か違うな」と疑問を感じてしまうと、やめてしまう人が多いのです。

楽しそうだから現状を変えるために何か始めてみよう、という程度のことで習慣を始めても失敗するだけなのでやめたほうがいいでしょう。

それよりも、「この結果を得るために、この行動を積み重ねる」という覚悟で習慣を始めることが大切です。

「自分の中の何を満たしたいのか」という具体的なことを明確にして、それを達成するためにはどんな習慣をやるのか、と決めることが理想です。理想と言いますか、現実的にこうしなければ、習慣を続けることはできません。

得るものを明確にすることで、慣れないことでも続けていけるのです。

人は達成できると確信できることしか、やり続けることができません。

仕事の話で言えば、自分の得たい環境や、時間的自由、働き方のスタイル、または収入などが得られないのなら頑張れるはずがありません。

「達成できないんだから、そこそこなしていこう」となって当然なのです。

だから、習慣を続けるために必要なことは、なんとなくの夢や目標を持つことでも、楽しさを得ることでもありません。

「具体的に何を得るのか」ということが見えている人が、習慣を続けることができるのです。

結果の価値と行動はワンセット

私は、好きな洋服に合ったスタイルをつくりたいと考え、ジムに通っています。「健康のために運動したほうがいいよ」「ジムに来る人は健康に気をつかっているから、いい影響を受けられるよ」と誰かからアドバイスされてジムに通っても続ける自信はありません。ただただ体を引き締《し》めたい、とジムに行っても、習慣化はされないと思います。

そこで得られる価値が、私にとってはないからです。

私の場合は、ジムをさぼるということは、自分の大好きな洋服をきれいに着られないということにつながるので、トレーニングを続けられています。

だから、どんなに忙しくても、時間を捻出《ねんしゅつ》してトレーニングを継続できています。

体調があまりに悪いとトレーニングは当然できませんので、体調をコントロールすることも気にするようになりました。

どうしても得たいものがあれば、人間は知恵を絞《しぼ》りますし、習慣を続けるための情報も勝手に見つけるのです。

私は、結果がすべてだと考えています。そう考えると、**「結果を手放すために習慣をやめる」という発想は出てきません。**

習慣をやめる＝結果を得ない　ということだからです。

価値を得られる、自分の得たいものが得られる、ということを確信することです。

習慣が、欲しい結果を生み出すための原因となる。当然のことで、誰もがわかっていることですが、これを意識して生きている人は少ないでしょう。

自分の得たい結果を明確にしておくという、当然のことを怠《おこた》ると習慣は続けられないのです。

3億円と同等の行動力を常に発揮するには？

自分の欲求が明確で、かつ、強いということが、習慣を続けるための大原則です。

「行動を習慣化できない」と悩んでいる人は、結果を得たいという欲求が不足しています。

よく語られている話ですが、3億円の宝クジが当たったとしたら、用事があったり、多忙だとしても、必ず換金に行くに決まっています。極論ですが、天涯孤独《てんがいこどく》の身で海外にいたとしても、必ず日本に帰国して換金に行くはずです。

これは誰もが納得できると思います。

つまり、本当に欲しいもの、自分の価値に見合うものを手にするためなら、人間はどんな状況でも、人生の第一重要事項として行動するのです。

だから、習慣を続けるために必要なことは、「絶対に欲しいものを見つける」ということです。

そのためには、自分にとって価値があるものを明確にするということ。

これを明確にするために、次のことを考えてみてください。

「どういうときに、自分は行動するのだろう」と。

わかりやすく言えば、「仕事が楽しくないから転職する」ではなく、「年収1000万円になりたいから転職する」でなければならないのです。

自分の価値観や欲求に合わない目標を持っても、人は行動できないし、続けられません。

絶対に欲しいもの以外は、手に入れない。これが私たち人間の習性です。

だからこそ、習慣自体を続ける技術だけを身につけてもあまり意味がないと私は思っています。

絶対にやってしまう習慣を見つけることが大切です。

そして、それこそが、あなたの理想の人生を形づくるのです。

成功者がイレギュラーを嫌う理由

成功している人は、必ずルーティンを持っています。イレギュラーなことを嫌うと言ってもいいでしょう。

著者としてビジネス書の世界に身を置くようになって10年を超えましたが、今まで出会ってきた成功者は、物事をシンプルに考えて実行し、複雑なことを避けていました。複雑であればあるほど、結果を得られる確信が持てなくなるからです。成果が得られないことは避けます。

だからこそ、成功者はシンプルな考え方に基づいて習慣を継続して、行動を繰り返しやっていき、自分の夢や目標を叶えていきます。

複雑なことはどうしても継続できません。シンプルなことしか継続できないのです。だから、成功者はシンプルなことを継続していくことで、自分の夢や目標を叶えていきます。

また、シンプルなルーティンは、自分の生活パターンに組み込むことが容易です。もしくは、やることが決まっていれば、それを中心に計画が立てやすくなります。

成功者は、成功をつかむ生活を愚直に送っているともいえるのです。

頭の中で物事を整理してシンプルにすることで、不安なくやるべきことをやるという生活パターンを行なうので、イレギュラーなことを嫌うのです。

成功者にとっての不安な生活とは、結果を得られる習慣が組み込まれていない生活です。

だからこそ、成功のルーティンワークをやろうとするのです。

結果を出すためには、「これだけやっておけばいい」というルーティンワークを続けるべきです。

仮説に基づいた習慣は、続く習慣

人は結果が出ることしか頑張れません。強い願望を叶えるためにしか行動を積み重ねられないのです。

そう考えると、行動するためには「結果が出ないかもしれない」という不安を払拭《ふっしょく》していくことが大切になります。

そのためには、結果を出すために「何をやり続ければいいのか」をしっかりと知る必要があります。

達成のために必要なことをイメージして、それを細分化して習慣化することが大切です。

積み重ねていくことで必ず結果が出てくるだろうという道筋を、仮説としてつくっておきましょう。

つまり、これをやったら、こうなる。だから、これを続ければこの結果が得られる、ということを確信しておくことが大切です。

自分でこうすれば結果が出ると確信したとしても、思い通りにいかないことがあります。

実現する、**精度の高い仮説を立てるにはコツがあります。**

「予想と違う」、こう感じると人は折れやすくなってしまいます。

仮説を立てる上で大事なのが、アクシデントを意図的にイメージすることです。

これが起こったときには、どういうことが原因と考えられるか、そのときには行動をどう変化させればいいのか、ということを考えるのです。

私は歯科医ですが、インプラント治療をするので、手術を多く行ないます。

手術の場合には、失敗は許されませんので、成功することを絶対条件として仮説を立てます。スタートからゴールまでのシミュレーションを行なうわけです。

成功することには、確信を持っています。

しかし、ここで満足していては、患者さんのことを本当に考えている歯科医だとは言えません。

成功の流れの中でも、もしかしたら起こり得る問題をいくつかあえてあぶりだしておくのです。

「こういう問題が起こる可能性があるのではないか」ということを考えておくのです。そして、それに対しての対策をイメージしておきます。

これは、あらゆることに応用でき、もちろん習慣にも応用できます。

トラブルを予想しておき、対策を考えておけば、習慣をやっていく上で不安もなく次に何をすべきかわかるので、予想と違っていても止まることなく結果に向かって行動できます。

目標達成とは、手術を成功させることと同じだと考えてみてください。失敗したら大変なことが待っています。

そうすると、どんな状況でも対応できるように細かいことまで考えられます。

「これは終わるのか?」という視点を持とう

習慣に、挫折しないための工夫があります。

それは、行動を積み重ねることで、「終わらせられるのか?」という視点を持つことです。

これも、歯科医としての経験からお話しできることがあります。

私が通っていた大学の大学院はなかなか4年で学位を取ることが難しいと言われていました。

私は「4年で卒業するためにはどうすればいいのか」ということをよく考えていました。

そして、気づいたことが、多くの人が4年で完成させられる研究をしていないということです。入学した当時よく考えていたのが、この研究テーマは4年で「仕上げられる可能性がある研究か」「仕上げられる可能性のある研究とはどんなものか」ということです。

先にも言いましたが、楽しいから、好きだから、という感情を得るための習慣は続きません。

楽しいからやる、好きだからやるということと、終わらせるためにやる、ということには大きな違いがあります。

楽しいこと、好きなことは、大切な目的をひとつ達成してからやるべきことです。

私の場合は、楽しい研究、好きな研究は、博士号を取ったあとにやるべきことだと思ったのです。

たとえば、新入社員がひとつの結果を出す前に、自分の好きな仕事ばかりやっていたらどうでしょう。そんなことを許す会社はありません。

結果を出している社員になってこそ、「この人がやることは結果が出るから好きにやらせてみよう」という環境が整うのです。

私はまずは、楽しさや好みよりも、結果を出すことを目的として行動したほうがいいと言いたいのです。

だからこそ、終わらせられる習慣、設定した期間で結果を得られる習慣をまずは持つことです。ひとつ達成したら、そのあとは好きな習慣をやってもいい。

私の場合は、4年で終わる可能性のある研究で、自分の好きな研究をすることが理想的ではありましたが、そんな研究はなかなかないのです。

世の中のことはすべてそうです。たとえば、時間的自由がある仕事で、好きな仕事でもあるということはなかなかないのです。

成功する人は、一つひとつ結果を重ねて、今をつくっています。

行動を積み重ね結果を得ると、また次の行動を積み重ねて結果を得る。これを繰り返し行なう人だけが成功をつかみます。

これから習慣を始めるのなら、**「これは終わるのか?」という問いかけは常にしてください。**

まずは、たったひとつの習慣を持つだけでいい

まずはひとつの習慣を徹底的に続けてみてください。

1日は24時間と決まっていて、初心者が多くの習慣を持ってもなかなか実行できないからです。

まずは、**ひとつの習慣化したルーティンワークを持つことで、成功体質をつくってください。**習慣の重要性を知り、習慣を続けることで成功体質はできてくるのです。

行動を続けて結果が伴ってくると、自分の中で習慣化の仕組みについての気づきを得ることができます。

その気づきとは、続けるために必要な本質的なことです。

そうすると、複数の習慣を同時に継続することも、新しい習慣を続けることも可能になってきます。

成功体質ができる前に中途半端にたくさんの習慣を持っても、失敗者体質になるだけです。あきらめグセ、挫折グセが身につくだけで、その後の人生に悪影響しか及ぼしません。

続けるクセがつけば、問題発見力も高まります。これをやっていると「こういう問題が起こるんだな」と気づけるということです。そうすると、そのひとつの問題にしっかりと対処すればいい。

しかし、初心者が多くの習慣を持ち、同時に複数の問題が発生すると、対応することができなくなってしまいます。

頭が混乱して、思考停止に陥り、それに伴い行動が止まり、習慣をやめるという流れができてしまうのです。

たったひとつの習慣をやめてしまうと、他の習慣もやめてしまう可能性があります。

人は、自分に甘いものです。

「これはできなかったな。でも、本当に自分に必要なことではなかったんだろう」と自分を慰《なぐさ》めるようなことをしてしまいます。そうすると、あの習慣も必要ないな、となってしまうのが人間です。

成功者は「やめる」という感覚を持っていない

だからまずは、ひとつの習慣を徹底してやっていくことが大切です。その中で、一つひとつの問題を乗り越えて、習慣化のコツを身につけていくことです。

継続するからこそ結果が得られ、自分に価値のあるものが手に入る、この重要性を知ることによって、「習慣はやらざるを得ないもの、やるべきことだ」という成功者なら当然知っていることを学ぶことができます。

習慣化なくして、良質な人生はないのです。

成功者は、結果を得るまで、やめるという発想を持つことがありません。

そもそも、習慣を始めなければならないということは、何かを得たいからです。

逆に言えば、得られていないから習慣を持たなければならないのです。

私の仕事は、いい習慣を持っている人ばかりが世の中にいたら、かなり縮小していたと思います。

なぜなら、歯科医院に来て歯を治療するということは、歯を失う、または、悪くする原因を自分でつくっている人が多いということだからです。

健康な歯を得るために、虫歯になる原因をなくし、質のいい歯磨き習慣を持つ人ばかりなら、歯科医はもっと少なくていいのです。

習慣を持たなければならないということは、実は、問題を抱えやすい生き方をしているということでもあります。歯科医院に来ている時点で、リスクの高い人なのです。

しかし、これは、多くの人に共通しており、私自身も例外ではありません。

万能な人ならば、習慣化しようと思って行動をしなくても、決められたことをやり続けますし、勝手に結果を得て、理想を実現できます。

習慣を身につけたいと感じたのなら、それはすなわち、自分はリスクのある人間であると自覚することです。

そう考えると、習慣をやめることなどあり得ないのです。

リスクのある人間が、よりリスクを高めることをしているということなのですから。

96対4の法則――他人と自分を比べないために

「人と自分を比べることに意味はない」

よく言われることですが、私自身もそう考えています。

他人をベンチマークして何かを頑張るというのは、とても精神的にストレスを抱えます。

合格者に人数制限がある試験勉強をしているのなら、他者よりも1点でも多い点数を取ろう。

同じくらいの成績を出しているあいつがいるから、もっと上に行くために仕事のスキルアップをしよう。

こういう考え方は、挫折する原因となります。

習慣は、他者に勝つためではなく、続け抜くことに意味があります。

実は、**続けるだけでライバルがいなくなっていく**からです。

多くの人は、習慣を続けられません。だから、自分が長く習慣を続けていれば、ライバルは勝手に脱落してくれることが多いのです。

つまり、習慣を続けてさえいれば、他者と自分を比較しなくていい状況ができ上がることになります。

たとえば私は、約10年間365日、フェイスブックでビジネス書の内容になりそうな情報を発信し続けています。私がフェイスブックを始めた当時は、ビジネス書の著者で同じようなことをやっている人がたくさんいました。しかし、当時から今まで続けているのは私くらいになってしまいました。

そうすることによって、私はフェイスブック上に、5000人の友達、そして、1万7000人のフォロワーを獲得したのです。

やり続けたことによって、情報発信力を手にしたといえると思います。

他のビジネス書著者の方々の情報発信は、とても優れています。私が特別に、いい情報を流すから、ここまでの影響力を持てたわけではありません。

続けたから、ライバルが勝手に脱落してくれたのです。

ここまでくれば、誰かの情報発信が気になるということはありませんし、ストレスなく習慣を続けることができるようになっています。

私が言いたいのは、他者と自分を比べないためにも習慣を続けてほしいということです。

96対4の法則とは？

あなたは、「80対20の法則」をご存じでしょうか。

「売り上げの80％を占めるのは20％の製品」「努力の20％が報酬の80％をもたらす」という法則です。

たとえば、「結果の80％は20％の人がもたらす」と考えることができます。

この法則から考えると、習慣を続けられる人は20％しかいないのです。

しかし私は、その2割の人の中でも、さらに80％と20％の人に分けられるのではないかと考えています。

つまり、続けられた4％の人が成功をつかんでいるのではないかと思うのです。

この4％に入るのは、難しくありません。続ければいいのですから。

続けていると、周りに誰もいなくなって、必ず自分主体の生き方ができるようになってきます。自分軸で生きることができるので、ストレスフリーを実現できます。

何事も、続けた人が最後は勝つのです。

私が有名な一流美容師さんに、髪を切ってもらったときの話です。

「才能のある人と一生懸命練習を続ける人、どちらがトップスタイリストになりますか？」と聞くと、「才能がある人よりも努力して一生懸命技術を磨いて身につけた人のほうが活躍している」と教えてくれました。

努力を長年継続できる人はほとんどいないのだそうです。

芸術的な要素の強い世界でさえそうなのです。

だから、継続してやりさえすれば、誰もいない高みに上ることができますし、人と違った人生を得ることができるのです。

「まずは動け」の罠にハマってはいけない

「考えるよりも、まず行動することが大事」

よく言われますが、習慣を続ける上では、この言葉を鵜呑《うの》みにしてはいけません。

考えた抜いた行動以外は、続かないからです。必ずどこかでほころびが生まれます。

とりあえず行動するという人は、実行した結果、「自分は何をしたかったのだろう」と自己嫌悪に陥ることが多いものです。

それは、当然です。**何をどういうふうに得るのかということが頭になければ、行動は無意味になります。**

ものを考えずに行動する人は案外多いのです。「自分が本当に何をしたいのか」「そのために何をやり続ければいいのか」ということはなかなか考えようとしません。

この原因は、「めんどう」だからです。考えることをサボっているだけなのです。

なぜ、考えないのか――それは、大人の世界にはわかりやすいマニュアルがないからだと言えます。

何かを得るために、自分自身で情報を集め、ゴールまでの筋道を考え、攻略法を考えなければならないのです。

勉強の話で言えば、学生時代はみな同じような状況で、同じ先生から指導されて、同じような教科書や問題集を勉強すれば試験に合格します。

しかし、大人になると、勉強時間にも、かけられる資金にも差が出てきます。学生時代のように皆が同じ状況ではないので、「どういう勉強の仕方をしなければならないか」を本当は自分で考えなければならないのですが、めんどうになってとりあえず問題集をやってみようと習慣を始めてしまうのです。

これでは、有意義な学習はできません。

また、「とりあえず資格を取るために勉強しよう」という動機で習慣を始めても、本当に得たいものが不明確なままでは、行動自体が無意味になってしまいます。そうすると、当然挫折するのです。

動き出せない人が多いので、まずは行動しなさいとよく説かれるのですが、考えないで手に入れられるものはありません。

大人になったら、自分で考えて行動を積み重ねなければならないのです。

本来は、得たいものが明確で、それを得るためにどうすればいいのかを明確にしてから行動するべきです。

達成までの計画など、プロセスを緻密《ちみつ》に考えておくことが大切です。

「こんな感じでやってみよう」という大雑把《おおざっぱ》な感覚で行動して目標を達成できるのは、天才か運が強い人だけです。

こういうプロセスなら失敗しないだろう、スムーズに達成できるはずだというプロセスをイメージし、さらには、リスクはないのかという視点を持って、緻密に考えて行動する人しか成功はつかめないのです。

成功確率が限りなく高い習慣とは？

まずは、ひとつの習慣を続け、決めた期間で結果を得て、成功者体質になる。これはとても重要です。

これを繰り返すだけで、あなたの人生はいい方向に向かいます。

その次の段階で意識してもらいたいことが、続ける価値があることは、とにかく長く続けるということです。

これは、他者との間に大きな違いをもたらし、自分主体で生きられるようになるからです。

他者との違いを生み出すと、お金、仕事、勉強、健康、人間関係、どんなことでも成功が近づきます。

数カ月から1年ほどの習慣は、やれる人がいます。それ以上の期間は、なかなか続けられません。

私は、あるとき、3年間のセミナーに参加しました。こんなに長いセミナーに参加するのははじめてでした。

歯科業界では、3カ月コース、1年コースなどのセミナーはあるのですが、3年のコースは異次元でした。

しかし、このセミナーが終わったときに、私はやはり継続回数、かける時間によって他の歯科医との違いが生まれたな、と実感したのです。

得た知識の量も、アウトプットの回数も桁違いだったからです。

3年間何かを続けると、あなたはもう違う人間に生まれ変わります。5年、10年となれば、成長の度合いは想像もできないほどなのです。

成功者は、長く続けて圧倒的な地位を確保したということも、知っておいてほしいと思います。

どんな状況でも、習慣を始めるという選択肢以外ない！

「お金があるから、あの人は親切なことをできるのではないですか」

と、成功者が慈善事業を行なうとよく言われます。

誰もが、「お金のない人はできないのではないか」と考えてしまいますが、お金のないときからその人たちは自分のできることをしてきているから、成功してお金を持っても人に親切にしてあげられるのだと私は思っています。

こういう視点を持ってほしいのです。

サッカー元日本代表のある選手は「努力が報われるとは限らないけれど、努力しておかないと成果は得られない」というような内容の話を以前されていました。

時間がないからできない、お金がないからできない、能力がないからできない、こう考えてしまって習慣を始められない人は確かにいるでしょう。

しかし、お金や時間を背伸びして使うことで、それに見合った自分になるために努力をするようになるのです。

自分の大切なものを使って何かを手に入れることで、より良いものをさらに手に入れたくなって、もっと頑張ることもあります。

人生には、偶然の要素によって、影響を受ける部分も確かにありますが、やはり継続なくして、成功はありません。

運だけで成功してしまう人もいるにはいるでしょう。しかし、その成功は、一時的に終わってしまう可能性が高いと私は考えます。

その波が終わってしまえば、元に戻るか、もしくはもっと人生を崩してしまう。

やはり、習慣を続け、自分の中に価値を積み重ねていく。そして、自分をレベルアップしていくことは、人生において欠かせないことです。

どんな状況でも、習慣を始めることは大切です。

そして、続けることはさらに大切なのです。

習慣をやり続けることでしか、成功はつかめないのですから。

第1章 ポイント

- たったひとつの習慣を続けることで、その他の習慣も続けることができるようになる。
- 「本当に欲しいもの以外は、手に入れない」のが人間の習性。
- 成功者は、「これだけやっておけばいい」というルーティンワークを大切にして、イレギュラーなことを避ける。
- 積み重ねていくことで「必ず結果が出てくるであろう道筋」を仮説としてつくっておく。
- 習慣を始めるときに、「これは終わるのか？」という問いかけをする。
- 成功者は、結果を得るまでやめるという発想を持たない。
- 習慣は、他者に勝つためではなく、続け抜くことに意味がある。

第2章

「価値のない時間」を過ごすことを徹底的に嫌悪する

目標を達成する人は、すべての時間を結果につなげる

続ける人は、このムダな時間を嫌う

絶対にこの行動を続ければ理想の姿に近づくはずなのに、それをせずに他のことをやってしまうことはよくあります。

行動を始められない、行動をやめてしまう理由は、絶対的にそれをやり続けたいという思いがないからです。

「やり続けると自分の欲しい結果が得られる」のなら頑張ろうと思えますが、世間的に良いと言われているからやる行動は続かないのです。

「資格を取るとモテるよ」と言われても、それが自分にとって価値のある報酬でなければ頑張れないのです。

たとえば、「時間の自由がほしい」という人なら、「資格を取ると独立できて、時間の自由が得られる」というように**自分にとって価値ある報酬がなければ行動など習慣**

化できないのです。

異性にモテることより、時間的自由を手にするほうが重要だからです。

価値とは、簡単に言ってしまうと、値打ちのことですが、目的の実現に役立つ性質や程度のことです。さらに言うと、価値観とは、「どんな物事に価値を認めるかという個人個人の判断」です。価値とは、よく使われる言葉ですが、この意味をしっかりとわかっている人は少ないでしょう。

「自分にとって価値のあることとは一体どんなことなのか」、この意識は常に持ってもらいたいと思います。

この意識があるかないかで、習慣が続くか続かないか、を左右してしまうからです。

たとえば、運動習慣を持とうと考えているのに、暴飲暴食を繰り返してしまう人は、なぜそんなことをしてしまうのでしょうか。

暴飲暴食を繰り返してしまう人というのは、実は、心の底では肥満体質になっていくということに抵抗感がないのです。健康にも価値を置いていないのです。

そんなことはないだろうと思われるかもしれませんが、健康よりも優先順位が高いものが確実にあるのです。

良くない行動を続け、いい習慣が身につかないということは、食べ過ぎるということを自分の問題として捉えることができていないからです。

暴飲暴食して健康に悪影響があっても、深刻に考えられないのです。

生活習慣病にならないこと、スマートな体型で服をスタイリッシュに着こなす、というようなことに価値を感じていないのです。

体をスマートにすることに価値を感じている人は、暴飲暴食を繰り返すということは絶対しません。お腹がすいてきたら寝てしまうかもしれませんし、炭酸水などで空腹をしのぐということをするはずです。

習慣が続く人というのは、価値のない行動をする時間を嫌い、ムダだと思います。

逆に、価値ある行動をしている時間に充実感を得るのです。

時間に対するイメージが明確になってくると、自分をコントロールできるようになってきます。

価値観に沿った行動を続ける人は、「自分は無理してやっている」「我慢してやっている」という発想がなくなるので、必要な行動ができない、やめてしまうということがないのです。

「賢い習慣」と〝賢くない習慣〟の違い

価値観が明確で、それに沿った行動がわかると、習慣化は簡単になります。また、習慣を続けることもうまくなります。

極論すれば、価値基準がしっかりしていれば、暴飲暴食をしようがいいのです。「今日は暴飲暴食してしまうだろう」となっても、体重が増えることを予測することができるので、減らす計画も立てられるからです。

環境や状況に応じて、自由自在に習慣を取り扱うことができるようになります。習慣の応用ができるということです。

行動を続けるには、習慣に幅を持たせることも大切です。

たとえば、おいしいものを食べに行ったときに、「ダイエット習慣を持っているから食べない」というのでは人生を損してしまいます。

めったに食べられないおいしいものを食べるチャンスがあるのなら、その日は食べてしまったほうが自然です。

そうしたら、その分どこかで調整をすればいいのです。

やせることによって得られる価値基準があれば、予想して計画を立てていけます。

習慣というと、同じことを毎日確実にやり続けなければいけないと思っているかもしれませんが、そうではありません。それは、賢い習慣ではないのです。

「なんのために行動を積み重ねるのか」、もう一度思い出してください。

理想の結果を得るためです。

ただ同じことをすることが習慣ではなく、結果が得られる行動を繰り返すことが習慣なのです。

賢い習慣は結果を得るためのもの、賢くない習慣は同じ行動をただ目的も価値基準もなく繰り返すことです。

賢くない習慣を持つ人は、許容する力がないので、習慣があるからと、人の誘いを受けたときに必ずそれを断ってしまいます。

いつもいつもつき合いに応じるのはよくありませんが、すべてを断っていては人間性を疑われてしまいます。

また、こういう人は、周りに迷惑をかけながら習慣を続ける人とも言えます。こういう人は、実は習慣化もうまくいきません。

なぜなら、扱いにくい人と認識されてしまいますし、毎回誘いを断っていると相手は「自分を軽く見ているのではないか」と感じるからです。

そうすると、評判は落ちてしまいますし、無意識に足を引っ張ってくる人も出てきます。結果として、ストレスを抱えることになるので、習慣に集中するどころではなくなってしまうのです。

トータルで結果が出せればOKだと気楽にかまえる

賢い人は、習慣に幅を持たせられる人です。しかし、結果は出る習慣を持つ。

賢くない人の習慣は、頑固で幅のない習慣です。

習慣を続けるためには、何かを捨てなくてはいけない、人生に制限を設けなければならない、と思い込んでいると失敗します。幅がない習慣は、悪い習慣なのです。

人生を自由自在に生き、かつ、結果を出せる習慣がいい習慣なのです。

私は体を鍛えていますが、時には甘いものを食べます。

しかし、その場合は、1週間以内に行動を工夫して、体重をキープできるように調整します。簡単に言ってしまえば、お昼にケーキをたくさん食べてしまったら、夜は食べずに運動して眠る。こういったことをすればいいのです。

習慣を続ける＝苦しい、辛い、ということでは失敗します。

「習慣は無理なく続ける」が鉄則です。

無理なくというのは、自分自身で結果をコントロールできるということです。

誤解してほしくないのは、やるべきことを減らしなさい、調整してやめよう、と言いたいわけではありません。

習慣には幅を持たせて、トータルで結果をコントロールしようということです。

肝に銘じてほしいのですが、習慣を持つ理由は結果を得るためであって、同じ行動を決まった時間にただただやるためではありません。

習慣を続けることだけが目的となって、なんのために習慣をやっているのかわからなくなってしまっては意味がないのです。

習慣は自分に合うように微調整していく

自分をコントロールすることは大切で、結果を得るために習慣をコントロールすることも大切です。

しかし、習慣を守るために自分勝手になってはいけません。つまり、周りの人を苦しめてはいけないのです。

自分をコントロールすることは大切ですが、それが快感になってしまうと、自分のことしか考えなくなり、人生にほころびが生まれます。

習慣化するにはルールを必ず守らなくてはいけない、と思い込んではいけません。

それはあなたしかいない世界では正しいことではありますが、現実世界では周りが苦しむのです。

先にも述べましたが、その日に決まった行動を完璧にやることが習慣ではなく、多少幅があったとしてもその幅の中で継続していけばいいのです。

毎日やることが習慣だと思っている人も多いかもしれませんが、私は毎日やらなくても、継続して結果にフォーカスしながら生きていることを大事だと考えます。

今週と先週のやる内容や時間の量が違っていても、結果が得られればいいのです。

体調がすぐれない日も時にはあるでしょう。そういう状況に対して、やるべきことの内容や量が変わったとしても、最終的に自分の目的を達成することができるように調整できればそれでいいのです。

習慣化に関する秘訣がよく語られています。その内容は、同じことを決まった時間帯に行ない、どのように続けるか、ということです。

それは、自分の習慣のテクニックを他人に押しつけていると言えます。

そして、そのテクニックは、合う人と合わない人がいます。

だからこそ、私はあなた独自の習慣をつくってほしいと思うのです。

どのように続けるのかということが目的ではなく、自分が何を得たいのか、そのために習慣に幅を持たせながら生きるということを意識してください。

結果が得られるのなら、やり方は自由です。

人それぞれ違った生活を送っているので、「この人が言うこのテクニックを使えばいい！」と信じ込んで実践していては限界がきます。挫折するのが目に見えているのです。

人にはワークスタイルというものがあります。だから、習慣にもその人その人でスタイルがあるのです。

たとえば、歴代のアメリカ大統領も演説原稿を覚えるときには、各々いろいろな方法をとります。聞いて覚える人もいれば、自分で書いて覚える人もいる。秘書官と話をしながら覚えていく人もいるのです。

だから、誰かが語っている習慣テクニックに自分を当てはめていくのではなく、結果を見据えて、どの行動をすればいいのか、できなかったときにどう帳尻を合わせていくのか、と考えながら自分のスタイルを確立してください。

習慣をすることに価値あるのではなく、結果を出す習慣をすることに価値があるのです。

極端な結果を2つイメージするとモチベーションが生まれる

得られる結果をイメージすることは、習慣を続ける上でとても大切です。イメージできないことは、人間は成し遂げられないからです。

そのために、**極端に考えるということをやってみてください。**

たとえば、歯ブラシ習慣でわかりやすく考えてみましょう。

歯にプラークがたくさん付いていて、口臭があって、歯茎が真っ赤な人。歯がピカピカで白く、歯茎がピンク色で、口臭がない人。

どちらになりたいか、と考えてみるのです。このように、両極端の結果をイメージすると、習慣を続ける覚悟が生まれます。

また、どのレベルまで、歯を磨けばいいのかということもわかります。

イメージができない人は、どこまでやればいいのか、ということがわからないので、手を抜いてしまいますし、やめてしまいます。

手を抜くと、必ず問題が起こります。

やるべきレベルに達していない行動しかしない習慣は、問題が起きるので、やっても意味のない習慣だということです。

結果の出る習慣と、結果の出ない習慣があるのです。

結果の出ない習慣は人生の時間の浪費でしかなく、結果の出る習慣だけが将来の資産になるのです。

イメージができなければ、習慣化はされません。ただやることだけに価値を置いても意味がないのです。いい結果と悪い結果を具体的に考えてみれば、手を抜くことはありません。

英会話の勉強をしようと思って、どんなに個別レッスンを受けたり、いいテキストで勉強しても、結果がイメージできていなければ、絶対に英語力は身につかないのです。

「話せないと本当に困る」というプレッシャーがないと、習慣化はうまくいきません。

手にしないといけないというプレッシャーは、時間の充実度を高めます。

充実度が高い時間を過ごすから、また行動しようとなるのです。時間的充実度が伴ってはじめて良い習慣が完成されるのです。

ただただ長い時間をかけるのがいい習慣ではありません。大変なことをやることがいい習慣でもありません。

充実感を得られる時間の使い方の代表例があります。

複数の恩恵を受けられる時間を過ごすことです。

たとえば、複数のことを、1回でやるというのは、時間の充実度を高めるいい方法です。

筋トレなどはわかりやすい例ですが、バーベルを上げるときにお腹に力を入れれば、腹筋と背中と下半身の運動を同時にできるわけです。こうすると、充実度は高まります。

3つのことをひとつずつやれば、当然、時間がかかります。しかし、3つのことを1回でやってしまえば、時間を凝縮できます。

習慣をするときに、質のいい時間を過ごすという意識はないがしろにしてしまいがちです。いかにして、時間の充実度を高めるか、これを工夫してみてください。次なるモチベーションがどんどん生まれてきます。

時間に意味付けをするだけで結果が引き寄せられる

成功する人は、意味のない時間を過ごすことがありません。

一見、無意味な時間を過ごしているようでも、その時間に意味を付けて価値を生み出すからです。

人は、たとえ遊びに時間を使っているとしても、それは自分の意志で選択した行動をやっているわけです。強制労働させられているわけではないのです。

成功する人は、自分の選んだすべての行動に意味を与えます。

厳しい言い方ですが、「今、無意味な時間を過ごしているな」と感じる瞬間があれば、それは成功者の考え方ではないということです。

意味のない時間を過ごしていると思った瞬間からマイナスの感情が生まれます。成功者は、ムダな時間を過ごすことがないので、常にリラックスしています。緊張したとしても、それだけではなく、緊張とリラックスが共存しています。

今いる環境に意味を持たせる。今の状況に意味を持たせる。

意味は、自由自在に自分で付けられるものなのです。

自分で意味を付けることができないということは、紐付《ひもづ》けすることが下手だということです。

すべての時間に意味を付け、価値を紐付けする能力を成功者は持っています。

やはり紐付けできる人とできない人で、得られる結果は大きく違います。

価値が明確だったら、**「この行動に価値を紐付けするにはどうすればいいだろう」**と考えられるようになります。

たとえば、私は、常に経営している病院の患者さんの満足度を高められないかと考えています。また、洋服が好きで、よく海外のお店のホームページも見ます。

あるブランドの担当者は、問い合わせをすると、すごく丁寧に、わかりやすく洋服の説明をしてくれます。「他にはこういう説明や助言をしてくれる所はないな」と感じます。

つまり、そこでしか手に入らないものを扱っていたり、高いレベルの接客をしてくれたら、どんなに遠くに住んでいても買ってしまうのです。

そう考えると、私の経営する歯科医院も、この方法を取り入れると、世界中の人がここへ来てみたいと思うのではないか、と考えられるわけです。

お客さんへの対応の仕方と、唯一無二の診察があれば、それを世界に発信することで世界中から患者さんが来てくれるのではないかと考えられるようになるのです。

世界中から、いのうえ歯科医院に来てもらうことも、夢物語ではないと思えるようになりました。

これは、はっきり言えば、ネットサーフィンをしていなければ得られなかったことでもあるのです。

自分がネットサーフィンをして、自分の好きな洋服屋さんとやり取りをしてはじめて気づいたことなのです。

だから、ネットサーフィンも、意識さえしていれば、結果を得ることに紐付けることができるということです。

この質問が、無意味な時間をなくしてくれる

ここで、紐付けの仕方をご説明しておきます。

紐付けの仕方は、簡単です。

「今、自分がしていることは、結果を出すためにどう生かせるんだろう」と考えることです。

「どこが、生かせるか?」と自分自身に質問をするということです。

たとえば、ユーチューブを見ることにはまってしまったときを想像してみてくださ い。これ自体は、娯楽的要素が強いので、そのままでは何の価値も生まないかもしれません。

しかし、あなたが英会話を勉強する習慣を持っていたら、自分がなりたいレベルの英語を話している人の動画を見ればいいのです。

たとえば、スポーツが好きなのなら、アスリートが海外で英語のインタビューに応じている動画などは簡単に見つけられます。

常に自分の体験することを、自分の大切なもの、自分の軸となるものに対してどう結び付けるかを考えることが大切です。

それが、紐付けの秘訣です。

習慣をしていれば、時にはやりたくない日もあるでしょう。行動をしようと考えてもやれないこともある。

でも、その時間を無意味なものにしてはいけません。

たとえネットサーフィンをしてしまったとしても、それをあなたの結果のために紐付けするのです。

時間と行動に意味を付けるのです。

動画を見ていたとしても、それが英語のインタビュー動画なら、英語上達の一助になるかもしれないのです。

ムダなことをしているなと思ったら、「どう生かせるんだろう?」という質問を自分自身にしてみてください。必ず何かしらの学びにつながります。

プロセスの確認で不安を消し、ゴールまで一直線に進む

習慣を始めても、すぐに結果が出るとは限りません。そんなときは、自分は無意味な時間を過ごしているのではないか、と思ってしまうものです。

結果が得られない時期を過ごすのは辛く、あきらめてしまう原因となります。

理想と現実のギャップほど、私たちを苦しめるものはないのです。

こういったときに、支えとなるのが、淡々と確信を持ってやる、ということです。

理想と現実に悩むのは、結果までのプロセスに確信がないときが多い。だから不安になるのです。

結果はすぐには出なくても、これをやっていけば確実に結果が出るとわかっている人は焦らずに習慣を続けることができます。

逆に言えば、焦ってやりすぎて挫折することもありません。

習慣をやり始めて、無意味な時間を過ごしているのではないかと感じたら、一度プロセスに間違いはないか確認してみてください。

ゴールを明確にして、プロセスを修正し、確信を取り戻すのです。そうすれば、また必ずモチベーションがわき、挫折することはありません。

3カ月で10キロ減量したいのなら、10キロ減らすためのカロリーと運動量を算出して行動を決め、ゴールまでの過程で起こり得る問題を明確にすれば、何も不安はありません。

これはやる意味がある、と確信していない状態で行動を続けるから、段々嫌になって挫折するのです。

やっていることに対して自信がない → 不安になる → やめる。

こういう流れがあるのです。

結果が得られることが明確ではない行動は、やりたくなくなってしまいます。仮説を立て、結果が得られるという確信を一度明確にしましょう。

行き当たりばったりを続けるから挫折してしまうのです。

〝自分なり〟ではなく「より確実に」という意識で情報収集する

結果が出る情報を集めて、それを組み合わせて行動を決め、ゴールまでの計画をしてから習慣を始める。これは、鉄則です。

しかし、ここで大切なのは、**自分の感覚で情報を集めてはいけないということです。その情報は結果につながるものでなければなりません。**

自分なりに集めることが大切なのではなく、結果につながる情報を集めて組み立てることが大事だということです。

自分なりのレベルで考えた行動には、意味がありません。〝自分なり〟よりも「より確実か」という視点を持って情報を集めてください。

意味あるプロセスかどうかは、結果を得るためには非常に重要なのです。

思い切って、自分の感覚を手放してみてほしいのです。

3キロやせるためには、走ればいいだろう。じゃあ、家の周りの走りやすいコースを探してみよう。といった情報収集は無意味です。

専門家は、3キロやせるためには、何キロまたは何分走ればいいと言っているか。どんな呼吸法で走ればいいのか。何時から何時の間で走ることに意味があるのか。こういった情報を集めていくべきです。

自分の経験から導き出すのではなく、結果を出すプロセスのために確実に必要な情報だけを集めていきましょう。

意味あるプロセスを踏んでいるときは苦痛もなく努力をしている感覚がなくなります。本当にやるべきことであれば習慣としてやっていけるのです。

習慣ができない人は、あいまいな感覚で行動を決めて、続けようとしてしまいます。そうすると、自分の中に何の変化も起きないので、「このままやっていて大丈夫なのか」と不安を抱くのです。

確信度を高めながら日々生きているかということは、モチベーションに大きく影響します。途中のプロセスを評価する時間を持たない人は頑張れません。「これでいいんだ！」という確信が次へつながるのです。

メンタルブロックは大切なシグナル

過去の環境や人間関係などから受けた痛みが、メンタルブロックになって行動できないという人がいます。

親や上司に、ダメだダメだと言われてきて、それがメンタルブロックになって一歩踏み出せないというのです。

「自分はダメ人間だから、何をやってもうまくいかない」と思い込んでいるということです。

しかし、メンタルブロックは、**次への行動を駆り立てるための重要なシグナル**で悪いものではありません。

大切なことは目的を明確にして、ゴールに向かうためにメンタルブロックを利用することです。

メンタルブロックに悩むということは、目的達成への意欲が弱いということでしかないのです。この認識がないから、メンタルブロックで行動できない、習慣化できないと悩んでしまうのです。

過去に大きな失恋をしたことがあったとしても、大好きな人ができたらメンタルブロックなど気にせずに行動してしまうのです。

「あの人が大好きだけど、メンタルブロックがあるから行動できません」というのは、相手を心底好きではないのです。

結果を得ることと、メンタルブロックを戦わせたときに、結果を得ることが必ず強くなるような目標を見つけてください。

「やるしかない」

そういう状況ではないのなら、人は動き出せないし、続けられないのです。

誰もが、自分の中で大切なことに関しては行動できます。

本当に大切ではないことは、行動しない。

これが真実です。だからこそ、「これを得なければならない」というものをしっかりと考えてみてください。

〝頑張り〟より「本気度」が行動を駆り立てる！

「この行動を継続すれば必ず結果が出せるのに、なんでしないんだろう」と残念に感じてしまう人が時々います。

個人レッスンでスキル向上を行なっているのになかなか結果が出ない。本当はもっと早く結果を出せるはずなのにという人がいます。

これは、とにかく本気度が足りないからです。

「一生懸命やって頑張ればいい」

こう考えている人が多いのです。

こういう感覚を持っていれば、なかなか結果は出せません。

結果ではなく、行動に価値を置いているからです。

「スクールに入って勉強さえ始めれば、目標もできるだろうし、一生懸命やっているうちに何か見えてくるだろうと思います」

「会社をやめて海外に行ってみます。本当にやりたいことを見つけられる気がするからです」

「お金を稼いだらタワーマンションにでも住んでみたいんです」

こんなことを言われたりしますが、私はいつも、「何のために？」という部分が抜け落ちているような気がします。

得たいものが明確でないから、やるべきことを考えていない。その結果、本気になっていない。

これでは、自分の中から前進するエネルギーは生まれてきません。

欲しいものが得られないという人も、実は習慣を持っています。

それは、自ら結果を得られないようにする習慣です。

自分が選択をしてきて、その結果が人生に表れているのです。

今、何かが得られていないのだとすれば、それは、現状を無理して変えなくても困っていないということでもあります。

困っていないから習慣化ができにくいという現実もあるのです。

何か変えざるを得ない状況にならないと習慣化はできません。本気度が高まることで人は行動するのです。

第2章
ポイント

- 自分にとって価値のある報酬を受け取れない習慣は頑張れない。
- 賢くない習慣は、同じ行動をただ目的も価値基準もなく繰り返すこと。
- イメージできないことは、人間は成し遂げられない。極端に考えるということでイメージはわいてくる。
- 成功する人は、無意味な時間を過ごしているようでも、時間に意味を付けて価値を生み出す。
- 理想と現実のギャップに悩むのは、結果までのプロセスに確信がないとき。
- 習慣ができない人は、あいまいな感覚で行動を決めて、続けている。
- メンタルブロックは、次への行動を駆り立てるための重要なシグナル。

第3章

結果について長く深く考えているか？

習慣が続く人はこの視点を持っている

ある意味「結果オタク」しか願望は実現できない

自分にどうしても必要な習慣を続けたいのなら、結果を得るための要素について長く、深く考えることです。

成功者は、1日の内に、普通の人よりも、回数も時間も多く長く深く考えているから、挫折することなく結果を得てきたのです。

「どれだけ結果を得るために考えているか」ということは、成功するための情報をキャッチするためにも重要です。

長く考えるということは、結果を得るための課題を自分の中で何度も整理することになり、その解決を常に意識しているということになります。

なかなか動き出せない、三日坊主で終わってしまうという人も、長く考えることで行動のきっかけを見出すことができ、習慣が続いていくのです。

成功者にメモ魔が多いことは、「結果を得るためにどうすればいいか」と考え続けていることの証明でもあります。課題を常に、紙やケータイのメモに記録して自分の中に残しているのです。

「今、自分はどんな課題をやらなくてはいけないのか」ということが明確になっていれば、行動に迷いが生まれません。

自分の成長を望めば、クリアできていない課題が見えてきます。すると、〝より良くする〟という考え方を持つことができます。

今よりもより良い状態をつくるためのものの見方ができるようになりますし、自分の中で前向きな気持ちをつくり続けることが可能になります。

成功者はみな結果を得ることに貪欲《どんよく》です。

頭の片隅に、常に「チャンスとなる情報がないか」と探しています。つまり、休みなく習慣に向き合っているということです。

意識的にも無意識的にも、寝る直前まで常に「現状を変え、より良い状況をつくる方法はないか」と考えているのです。

成功をつかむ人は、多くの回数、そして、長い時間をかけて習慣に向き合っています。

それだけ考えているからこそ、ひらめきが生まれ、行動が結果につながっているのです。

私は、成功哲学を学び始めた頃、寝ている間も教材をイヤフォンで聴いていました。耳が痛くなるほどでした。しかし、ここまでやらないと身につかないと思ったのです。成功者が、長い時間をかけて課題解決に向き合っていることを知っていたからです。

ここまでやったからこそ、私はみなさんの前で「価値ある生き方」を伝える講演ができるまでに成長しました。

習慣に没頭できる人の特徴は、ひとつのことを始めたら徹底的にそれを突き詰めて一気にやり抜くということです。

ある意味、結果オタクにしか、願望は達成できないのです。

集中力が高い人は「行動の直前まで考え抜き、やるときは何も考えない」

習慣を続けられる人というのは、集中力が高いという特徴があります。なぜなら、習慣とは行動の積み重ねだからです。

当然ではありますが、**集中するために必要なことは、雑念にとらわれないこと。**雑念がわく大きな原因は迷いです。

逆説的ですが、行動をするときは考えない状況をつくることが大切で、脇目も振らず物事に打ち込む状況をつくればいいのです。

迷いがなければ、人は集中できます。

「こうしたほうがいいんじゃないか」「ああしたほうがいいんじゃないか」、といったように絶えず雑念が生まれると集中などできません。

何をするかということを緻密に考えることは重要ですが、行動を始めたら「間違いはない」という確信を持ち、迷わず突き進むと決めてください。

集中して行動を取れるようになると、自分の中に変化が生まれてきます。「もっとやりたい、もっとやりたい」という気持ちがわき上がってくるのです。こうなると、習慣は勝手に続いていきます。この感覚を味わえるようになると、結果は手にしたも同然なのです。

この感覚が味わえる瞬間とは、「自分の課題をクリアできた瞬間」です。どんなに小さな課題でも、クリアできた瞬間にこの最高の感覚を味わうことができます。

はじめのうちは、小さなことをクリアしていき、「もっとやりたい」の感覚を体験してみてください。

習慣の力が高まっていくと、小さな刺激では満足できなくなってきます。そうなったら、少し高いレベルの課題を設定するようにしてください。

するとより大きく、価値のある結果を得られるようになります。

結果の先をイメージすると、最強の習慣が身につく

「続けられない」という悩みを持っている人は、習慣について圧倒的に考える時間が不足しています。

「とりあえずやってみよう」というくらいの考えで、行動を積み重ねようとする人が多いのです。ただやるという程度の動機では、習慣は定着しません。

行動することも大事ではありますが、何を得られるかということはもっと大事です。

しかも、単純にどんな結果が得られるか、ということを考えてもモチベーションはなかなか上がりません。

だからこそ、結果を得たあとの、その先にある自分の姿を考えてみてください。

社会的な信頼が得られる、人と違った価値が自分に生まれる。こういったことを想像できると頑張れます。

たとえば、「英語で会話ができるようになった」という結果を得ることができれば、その先に「外国人と話せる」「海外の仕事ができる」など大きな恩恵を享受できます。**結果の先の副産物をイメージできれば、習慣へのモチベーションはどんどん生まれてくるのです。**

私自身、ジム通いを習慣化できているのは、体がスリムになったら、「好きな服を着こなせる」という将来のイメージができるからです。

だからこそ、多少睡眠不足で本調子ではなかったとしても、あきらめることなく必ず継続してジムに行くことができています。さらには、時間が少し空いたら「ジムへ行ってみよう」という意欲もわくのです。

ジムへ移動する際の、エスカレーターの中では屈伸やスクワットをしています。決められたトレーニング以外でも、もっと鍛えたいという欲が高まり、結果を得ることにはまっているのです。

これはもう、習慣を超えた、最強の習慣だといえると思っています。

失っているものの〝多さ〟と〝大きさ〟を吟味する

習慣化ができない人には、特徴があります。

「続けることの価値を理解できていない」ということです。

過去に根気強く何かを続けた経験がないから、継続することで得られる価値を知らないのです。

習慣を続けると、自信やプライドを高めることができます。逆に言うと、自信やプライドにつながる行動は頑張ることができます。

ダイエットしたいと言っている人は、過去に減量に失敗したり、リバウンドした経験がある人が多いものです。

失敗を繰り返すと、自信もプライドも失ってしまいます。これでは、達成しようという気力はいつまでたっても生まれません。

プライドを取り戻すためにも、**「結果を得なければどうなるのか」としっかりと考えてみる**ことです。ダイエットしたいのなら、やせないことで失っている多くのことを考えてみてください。

自分の価値が下がるという危機感は、あなたを行動へ向かわせてくれます。

また、習慣が続かず、自己管理ができない人は、人に何かを伝えるということはできません。説得力がないからです。

自己管理ができていない人が、企画をプレゼンしたり、物を売ったりするには説得力が決定的に足りないのです。

自己管理ができていないビジネス書の著者が、人に目標達成の話をしても誰も聞いてくれません。著者にかかわらず、社会人として人にメッセージを送る立場にあるのなら、説得力は大切です。

社会人としてのふさわしさを身につけるためにも、自信とプライドを得る習慣を続けるべきなのです。

荒療治は、ちょっと背伸びをするくらいでちょうどいい

何度も失敗を繰り返し、自信とプライドを失っている人は、あきらめグセがついている可能性が高いので、コーチにマンツーマンで直接指導してもらうのもひとつの手です。

自分ひとりでは頑張りが効かなくなっている場合、専門知識のある他者の力を借りることは効果的です。

行動に強制力をつけると、習慣が続く可能性が高まります。

この場合は、自分に投資をすることになるので、失っている本気度を高めることにもつながります。

しかし注意が必要で、払っても痛くない金額の投資では本気度は高まりません。

お金を使って習慣を手に入れるというのは、荒療治でもありますので、ちょっと背

伸びした金額を自分に投資することが必要になるのです。

たとえば、「この金額なら毎月払えるから、あのジムに行く」と決めるのではなく、「やせる人が続出している実績があるけど、少々高いジム」を選ぶということです。

ただし、絶対に忘れてはいけないのは、お金をかけるからリターンが必ずあるという考え方は間違っているということです。真面目にやるからリターンがあるという大前提を忘れてはいけません。

背水の陣で、行動に強制性をつけ、本気度を高めることに意味があるのです。

そもそも、コーチをつけなくてはいけない人は要注意人物だと言えます。自分で習慣を続けられないのですから。

「自分はリスクの高い人間なんだ」と自覚しておかなければなりません。

今までの自分では、習慣化は不可能だったわけです。

だから、まず「自分は変わらなければならない」という決意を強めることが必要なのです。

習慣を第一優先にしてライフスタイルを組み立てる

大前提として、習慣を始めようと考えたら、それを中心にした生活を送るための工夫を考えることが重要です。

私がおすすめするのは、**習慣を行なうための時間、スケジュールを確保してから、生活スタイルを組み立てる**ことです。

もし、仕事のスキルアップの習慣を持つのなら、毎週月、火、水の19時から始めるなどと決めます。

そうすると、仕事を切り上げる時間も決定されますし、食事やお風呂などの時間も決まってきます。

他者が関わっている仕事などは、どうしても予定通りに終わらないこともあると思いますが、その場合は1週間程度の幅の中で違う日にスキルアップの時間を取りましょう。

私は、ビジネス書の出版を定期的に行なうことを習慣のひとつにしています。そのため、木曜日の夜からは北海道から東京に移動することにしています。

もちろん出版社の編集者との打ち合わせが入っているということもありますが、編集者からの急な打ち合わせの打診にも柔軟に対応するためでもあります。

どうしても出版社は東京に集中していますから、移動する習慣を欠かすことはできないのです。

だから、それに合わせて病院や北海道での生活スケジュールを決めています。

歯科医としてのスキルアップの時間も、ジムに行く時間もまずは決めてしまいます。

その残りの時間で仕事をしたり、普段の生活をするようにしているのです。

習慣を続けるために、どんな生活スタイルをつくればいいのか、ということをしっかりと考えてみてください。

習慣が中心となる1日をつくっていくのです。

「言い訳しない！」が続けやすい環境を整える

習慣を行なうための時間というのは、先に述べた方法で案外簡単に捻出《ねんしゅつ》することができます。

実は、習慣化を妨げる大きな障害となるのが環境です。

自分がやりたくても、**周りがそれを認めてくれないと、習慣は続けにくい**のです。

周りの人が、あなたに肯定的であるほうが当然、習慣は続きます。

パートナーや子供、会社の人などが、あなたをサポートしてくれるようにならなければなりません。サポートというとおおげさですが、あなたの習慣を邪魔しないようになってくれれば問題ありません。

サポートしている側は、意味のないサポートをしたくないものです。

だからこそ、習慣を始めたのなら、それを一生懸命真面目にやっている姿を見せることです。

熱心にやっている人に対して、あえて邪魔をしようと思う人はあまりいません。真剣さを感じてもらい、周りの人から信頼を得ることが大切です。

だからこそ、「やらない言い訳」をしないようにしてください。

有言実行しない人ほど、信頼されません。

「この人は言ったことを実行できない人間だ」と思われてしまえば、誰もあなたを応援することなどできません。

言い訳せずに頑張っている姿を見せるから、信頼を得られ、応援され、習慣を続ける環境が整うのです。

習慣を続けられない人というのは、社会的な信頼も同時に失っているのです。期待されない人間になってしまいます。

他者があなたを、そういう人間だと見ていると、それなりの雰囲気をかもしだしてきますので、あなたのモチベーションも下がってしまいます。

すると、ますます習慣は続かなくなってしまいます。

人は期待されることで、一生懸命になれる面もあるのです。

時には「今の自分を許せない」と感じることも大切

私は、歯科医としてのスキルを高める習慣、成功哲学を学ぶ習慣などを行なってきました。そして現在は、体を鍛える習慣に力を入れています。

私が体を鍛える習慣を持ったのには理由があります。

ひとつは、自分の周りで健康管理をする人が増えてきたからです。周りの環境に影響されたということも一因です。

私の周りで健康管理を始め、ジムに通ったり、食事制限をしっかり行なう人が増えたのです。

体に関する話を聞く機会が増え、周りの人の肉体や健康面が変化し始めると、自分の体についても考えるようになってきました。

当時の私は標準的な体重ではありましたが、管理していない体と、管理している体では、仕事への頑張りやプライベートを楽しむことへの違いも出てくるのではないかと考えるようになったのです。

はじめのうちは、他者の影響から体を気にするようになったという程度だったのですが、徐々に**自分が体に気をつかっていないことが許せなくなってきました。**

それで、体を鍛える習慣をやると決めたのです。

自分の中から、行動を起こすことへのモチベーションがわいてきたのです。

これは、自分が自分自身を管理できていない人間であり、それが許せないという考えが大きくなったからだと思っています。

経営者として、講演で話をする人間として、自分が人に指導をする立場にあるのに、自分の大切な体についてはやるべきことをやっていないことに嫌気がさしたのです。

「自分を許せないと感じる」、これは習慣を始めるにも、続けるにも大きな前進の力となります。

また、洋服をきれいに着こなしたいという願望もあいまって、この習慣は続いています。

続けていくと習慣はより良く改良されていく

習慣を続ける人だけが体験することがあります。それは、行動を続ける過程で、良い考えが浮かんでくるということです。

より結果を早く出そうと、工夫を始めるのです。

もともとは、体を管理しようと思って始めたトレーニングでしたが、それを続けていくと、他にもより良い結果をもたらす方法はないかと考えるようになりました。

私は体を鍛え始めたことで、食事にも気をつけるようになったのです。

習慣は続けていくと、より良く改良されていくのです。

結果を得るために習慣を続けると、その習慣に付随するものもやっていこうとなります。

習慣をするなら、結果がすべて。0か100です。

潜在意識を使いこなしてクセまでコントロールする

意識には、顕在意識と潜在意識の2つがあります。諸説ありますが、顕在意識が4％、潜在意識が96％といわれています。

人間の行動は96％の潜在意識でコントロールされており、そう考えると、潜在意識を使いこなせれば、習慣化も楽にできるということです。

自分にとって欲しい結果が明確なら、潜在意識はその達成のために動き始めます。

「潜在意識とはなんなのですか？」と聞かれることがあります。

潜在意識とは、前進するためのエネルギーであり、知識の貯蔵庫です。

つまり、学んだこと、知ったことは潜在意識の中で積み重なり、自分でも信じられないようなアイデアを生み出してくれます。そして、そのアイデアとは、結果を出すための問題を解決する力のことなのです。

欲しい結果が明確なら、潜在意識の知識の貯蔵庫の中にたまった情報がうまく使われ、願望を叶えるために必要な選択行動が無意識にとれるようになります。

欲しい結果が明確ではないと、潜在意識は必要な知識と情報をその中に入れようとしません。

知識の貯蔵庫が機能し始めると、無意識の行動が変わってきます。

「以前やっていた習慣は中途半端で終わってしまった」という人もいるでしょう。それは、潜在意識があなたに味方していなかったからです。

習慣を続けるためには、自分のクセまでコントロールする必要があります。行動の判断には誰もがクセを持っています。

やらない要因を生み出す思考や行動のクセを修正するには、潜在意識をコントロールするしかないのです。

達成について長く考え続けているからこそ、潜在意識は働きますし、顕在意識と共同で寄り道をせずにゴールに進んでいきます。

無意識レベルで行動し、習慣化できるというのは、潜在意識がその必要性に強く気づいているからこそなせる技です。

たとえば、フェイスブックの投稿を毎日続けていますが、情報発信の価値は私の中でとても重要です。

忙しくて投稿することを忘れていても、あるタイミングで必ず思い出し、習慣を続けられるのです。

潜在意識が重要だと認識している行動は、忘れたくても忘れることができないのです。

「不足」と「無知」は、習慣化実現の覚悟を決めるいい材料

習慣を始めたり、続けなければ欲しいものが得られないと気づいたということは、**自分が満たされていないことに気づいたということ**です。

習慣が必要なのなら、「自分は何かが足りていない人間である」「自分は結果を得るためには無知である」としっかりと自覚してください。

なぜなら、自分が万能な人間なら、習慣など持たずに、目標を達成しているはずだからです。意識せず努力できる人は、習慣を持つという感覚さえありません。

今、理想の状態を叶えられていないということは、自分がそれを得られるだけの力がなかったか、知識がなかったからです。さらに言えば、達成できる環境にいなかったということです。

自分が何かが足りていない人間であるという自覚がなければ、必ず元の自分に戻っ

てしまいます。時間をかけてきた人生の中での結果が今なのですから。時間をかけて形づくってきた、理想的ではない自分。これを変えるには、大きなエネルギーが必要です。

第3章
ポイント

- 成功者は1日の内に、結果について回数も時間も多く長く考えている。
- 雑念がわく大きな原因は迷い。
行動をするときは考えない状況をつくることが大切。
- 結果の先の副産物をイメージできれば、
習慣へのモチベーションはどんどん生まれる。
- 自分の価値が下がるという危機感は、あなたを行動へ向かわせてくれる。
- 自分ひとりでは頑張りが効かなくなっている場合は行動に強制力をつける。
- 習慣を行なうための時間を確保してから、生活スタイルを組み立てる。
- 潜在意識は、目標達成のためのアイデアを生み、
結果を出すために問題を解決してくれる。

第4章

やり抜くための目標と計画

ゴールまでスムーズに進むために絶対に必要なこと

ただただ〝目の前にきたこと〟をこなしていないか？

ゴールがわかっているから、そこに到達するまでのルートを見つけることができます。習慣も同じで、目標がなければ、どんな行動をすればいいのかがわかりません。目標を設定することは、習慣を続ける上でとても重要なのです。

そのことは、重要なので、繰り返し本書で述べてきました。

目標がなければ、目の前のことをただただこなしながら、今日という日を生きていくことになってしまいます。

確かに、そういう生き方が好きな人もいていいと思います。しかし、本書をここまで読んできて、習慣を身につけたいという人は、そうなってしまってはいけません。

毎日を一生懸命生きていたら、それが結果として、いい人生をつくり上げると考える人もいるかもしれません。

でも、目標を持つことでこそ、結果を得るまでのプロセスを組み立てられるのです。**人が人生を終える間近に思うことは、「もっとこうできたのに」「こうすれば良かった」ということです。**これは、多くの著名人が本の中で書いていたり、インタビューで語ったりしています。

人が人生を後悔する大きな理由は、目標のない人生を生きてしまったということではないでしょうか。

大多数の人は、目標を持っていなかったり、真剣に目標を達成しようとは考えずに毎日を過ごしています。目の前にきたことをこなすことに意識が向いているからです。これでは、成し遂げたいことを成すことも、欲しいものを手に入れる可能性も下がってしまいます。

自分の価値に基づいて目標を設定し、日々生きていれば、人生が道半ばで終わってしまったとしても、やれることはやったと満足感を得ることができるはずです。自分の中で価値のあることを明確にして、目標を設定し、その達成に向かうことは人生の醍醐味《だいごみ》だと私は考えています。

「今、特に不自由はない」「今が楽しければいい」、この考え方を私は否定しません。

でも、目標がなければ、「では、今日は何をする？」ということがわからず、意識することもなく生きることになります。

やはり、目標を持ち、達成のための計画を立て日々生きることで、後悔しない人生は形づくられると私は思います。

人間は、フォーカスしたことは達成できますが、フォーカスしないものは達成できません。目標を持つと、そのゴールに潜在意識は導こうとしてくれます。

目標を持たない人は、計画的な人生を送ることはできません。将来、何かしたくてもできない状況を自分でつくってしまうということです。

スキルが足りない、お金が足りない、仲間がいない……、計画的に生きられないと未来の可能性を閉ざすことになります。

何かをやろうと思ったときに、不足している状況を自分でつくることになるのです。

だからこそ、私はあなたに目標を持ってほしいですし、それを達成するための習慣を持ってほしいのです。

未来と恐怖の両輪を回すことで目標は達成される

人間が行動できない理由は、目標を持っていないことと、今の自分に不足している部分を見て見ぬ振りをするからです。

行動するために必要なことは、目標を設定して未来の姿を見ること。そして、不足している部分をしっかりと見つめ、それを補う大切さに気づくことです。

この両輪がなければ、行動はできませんし、習慣化もうまくいきません。

なぜ、不足を見ようとしないのかと言えば、恐怖を感じたくないからです。

しかし、現実は、人は恐怖と向き合うことで、行動を起こすことができます。

たとえば、私が行動を積み重ねている理由のひとつは、今、仕事が順調だとしても将来はどうなるかわからないという思いがあるからです。

同時に、今よりも仕事においてより良い状態をつくりたい、という気持ちがあるからです。

お金は多くの人の中で価値の高いものだと思います。お金がなくなれば、誰もがもっと稼ごうと働こうとするでしょう。

恐怖からくる危機感は、人を動かすのです。

なんとなく生きてこられているから、不足があってもそれを見ずに生きてしまうのです。

現状維持は、人間の最も居心地の良い状態。だから、動こうとしない。

1週間に10~15分でいいので、ひとりになって、自分が恐怖に感じていることと真剣に向き合う時間を取ってください。

今のままでいいと思い込んでいる状況が、行動しない大きな原因となります。

目標を持つことと同時に、自分の不足からくる恐怖と向き合うと行動は起こせるのです。

この両輪があってこそ、人は行動に駆り立てられます。

私は、「将来自分の病院をもっとこうしたい」、「著者としてもっとこうなりたい」といった未来をよくイメージします。

だけど同時に、「病院にこのまま患者さんが来続けてくれるだろうかという恐怖」を感じますし、「著者としてこのままあり続けられるだろうかという恐怖」も感じます。

しかし、この恐怖を感じるからこそ、「そのためにどうしたらいいか？」ということを考え、行動をするのです。

未来と恐怖の両方を見ることで、行動は引き起こせます。

時代によって環境変化は起こる可能性が高く、恐怖のない約束された世界というのはどこにもありません。

健康管理も、理想の姿と、恐怖の2つがあるからできるのです。

たとえば、理想の体をつくり洋服をきれいに着こなしたいという理想の姿、健康を損なうことで起こる不利益。

この両方をイメージできる人は、継続して動き続けることができます。この2つがなければ、行動を始められないか、途中でやめてしまう可能性があるのです。

未来と恐怖の両輪を回すことで、行動の意欲が大きく高まります。

「自分を一番大切にする」という原点を忘れない

いい目標と悪い目標、この違いは一体なんなのでしょうか。

自分にとっての幸せを形づくる要因となる目標はいい目標です。他人のための幸せを形づくる目標はいい目標ではありません。

目標を設定するときに、「社会貢献」や「周り人のため」という要素を入れる人がいます。

しかし、これはうまい目標の立て方ではありません。**まずは、自分が幸せになることが重要**なのです。

自分が幸せだから、周りの人にも、社会に対しても、貢献したいと思えるようになるし、それを実行する力がわいてくるのです。

自分のことを幸せにできない人が、他人を幸せにすることはできません。

自分が先、他者や社会は後なのです。

あくまでも「自分を大切にする」ということを原点に考えるということが、私は目標を設定する上で、最初に考えるべきことだと思っています。

ここで、成功と幸せの違いをお話ししておきます。

成功というのは、たとえば、仕事などひとつの分野で結果を得ることです。仕事、お金、人間関係、健康などの個別の目標達成は、一つひとつの成功を手にしたといえます。

幸せは、これらすべての成功によって、バランスのとれた状態を成り立たせることです。

だから、成功したからといって幸せとは限りません。

個別の目標に対して達成することが成功であり、自己実現することが成功であって、幸せというのはバランスをとって自分自身を満たすことによってはじめて得られるのです。

たとえば、お金があっても健康を害していたら幸せとはいえません。

目標達成を繰り返し、幸せをつかむことこそ、人生の最大の価値となるのです。

自分の価値観をあぶり出す4つの方法

目標がないと行動を促すことはできませんが、その目標を立てるときにはポイントがあります。

それは、「自分が本当にやりたい」と思っているかということです。

やはり、ここも自分を優先させることが大事なのです。

目標を立てるときに、自分の価値と照らし合わせ、それに合致する目標が良いということです。

自分の価値と合わなければ、人は頑張らないのです。

目標を立てるときには、「自分の価値観はどういうものか」ということをしっかりと認識しておくことが大切です。

では、どうすれば価値観はあぶり出されてくるのでしょうか。いくつか方法があります。

まずは、**自分はどういうときに痛みを感じるのか、悔しいと感じるか、ということを知る**ことです。

そこには、自分の価値観が隠されているからです。

怒りや不満、嘆きというのは、自分の価値観が損なわれたときに、わき上がってきます。

どんな状況で、自分は怒るのか、不満を抱えるのか、嘆きたくなるのか、ここをしっかりと考えてみてください。

次に、**「どういうことを本当は成し得たいのか」と考える**ことでも、自分の価値観は浮かび上がってきます。

3つ目に、**自分の身近にあるものを見渡してみる**と、自分の価値観が見えてくることがあります。

自分は、どうしてこれを手に入れたのか、どこに価値を感じて手に入れたのか、と考えてみると、価値観が見えてくるのです。

最後に、**「どういうときに嬉しさを感じるか」と考えてみる**方法もあります。

この4つの視点から、自分の価値観とはどんなものなのかと考えていくことを私はしながら、目標を立てていきます。

特に最初の方法は、最も簡単に自分の価値観をあぶり出すことができるのでおすすめです。

バラバラのプロセスをつなげて達成可能な一本道にする

目標を立てたら、緻密な計画をつくることも必要です。緻密な計画というのは、イメージできない人もいるかもしれません。

緻密な計画とは、達成からスタートを逆算して組み立てていき、しっかり結果が得られるイメージをつくり上げるということです。

達成のためのプロセスが明確で、要所要所で必要な準備が整っているか、ということをイメージしてみてください。

また、途中にどんなことが起こるだろうと考えて、リスクを認識しておくことも大切です。

つまり、すべてを想定内にすることが、緻密な計画を立てるということになります。

人は、ゴールにたどり着くまでの道が明確にわかっているときにスムーズに行動することができます。

まずは目標を達成するまでのプロセスを明確にすることです。

プロセスは、いくつかの要素によって成り立っています。

その一つひとつを達成可能か確認しながら組み立て、バラバラなものをつなぎ合わせ、一本の道をつくるのです。

その道を進むイメージを頭の中で描き、ゴールまでたどり着けるかをチェックします。

スムーズにゴールに到着するには、技術、知識、環境などが必要でしょう。

その道に、**一カ所でも歩みを止める場所があれば、それは緻密な計画とは言えません。**

細分化された一つひとつのプロセスをつなげたときに、きちんとゴールへたどり着けるかどうかのシミュレーションは常に行なっておかなくてはならないのです。

目標と計画の精度を高める貴重な2つの情報源

目標と緻密な計画が大切だということは、わかっていただけたと思います。

目標や計画を立てる上で必要不可欠なことが、情報収集です。情報源となるものは、基本的には2つです。

ひとつ目は、**本です。**本は、著者独自の情報が書かれています。さらに、本はネットの動画や、記事情報などに比べ、情報量が圧倒的に多いことが魅力のひとつです。

2つ目は、**あなたが欲しい情報に精通している専門家の意見です。**

直接的でも間接的でも、意見を仰ぐ専門家を選ぶ基準は、実績のある人で、かつ、わかりやすく情報を伝えてくれる人。

どちらにしろ、重要なことは、あなたが知らない情報を収集すること。

自分の知らない情報にこそ、価値があるのです。

無理なく終わらせるために空白をつくる

目標を立てたら、それはどのくらいで達成されるのかという期間を予想しましょう。人は、終わりがなければ行動をし続けることができません。

「グラウンドを走ってきなさい」と時間を指定されないときより、「5分間グラウンドを走ってきなさい」とゴールが見える指示を出されたほうがモチベーションは上がるはずです。結果にフォーカスしていくべきなので、計画を立てるときは、達成までの期間を区切ってみてください。

ただし、期間は決めると言っても、結果を得ることを急いで厳しいスケジューリングをすることは逆効果です。無理は挫折の原因となります。

1週間の内2日は空白の時間をつくるようにしてください。1週間フルに行動しなければならないような目標を立てるのは、挫折の原因となります。

ＰＤＣＡを回して計画の穴をなくす

しっかりと考えて目標を設定し、緻密な計画を立てて実行しても、予想した時期に結果が出ないことがあります。

この場合は、計画が間違っている可能性が高いので、改善する必要があります。

このとき役に立つのが、ＰＤＣＡサイクルです。

ＰＤＣＡとは、Plan（計画）→Do（実施・実行）→Check（点検・評価）→Action（処置・改善）というサイクルです。

ＰＤＣＡサイクルを回すことで、問題点を改善することができます。

私自身、今までだいたいのことはＰＤＣＡで解決してきました。

ＰＤＣＡというのは、プロセス管理のための手法ともいえます。

結果が出なかった場合、どこに問題があったのかを発見し、改善することに役立ちます。

順番、やり方に問題があったのか、計画の甘さに問題があったのか、プロセスのどこで問題が起こっているのか、うまくいっていない理由を考えるときに重宝できます。

自分が想定していたよりも知識が必要だったということもあるかもしれません。

その場合は、ＰＤＣＡのＣをＳ（Study 勉強）に置き換えてもいいでしょう。

多くの人は、ＰＤＣＡを回す習慣を持っていません。

問題が発覚したら、表面的な解決をしてすぐに進むのです。

しかし、目標達成を実現したいのなら、丁寧にＰＤＣＡを繰り返すことが、一番の近道となります。

ＰＤＣＡは、ミスややり直しを防ぐことにも役立つので、ぜひ活用してみてください。

部分的な修正より「根本解決」が大事

緻密な計画を立てたとしても、それは絶対というものではありません。頭の中で組み立てた計画は、どんなに精度を高めても限界があります。

壁に一カ所穴が開いたとします。多くの人は、その穴をふさぐことが大切だと考えます。

しかし、本当はそれだけではいけません。

壁の穴を修復することも大事ですが、なぜそこに穴が開いたのか、ということも考える必要があるのです。

ただ穴をふさぐだけでは、もう一度穴が開いてしまう可能性があるのです。穴が空いた真の理由は何か、ということを考えなくてはいけません。

「計画がうまくいかない。では、ここで足踏みしているから改善しよう」というだけでは根本的な解決にはならないのです。

「なぜ、ここでつまずいたのか」ということを、一度しっかりと考えておかなければ、また同じようにミスが起こります。

シミュレーションをして、ゴールに到達する確信を持って行動することは大変重要です。しかし、シミュレーションでは、気づけないこともあります。

つまずいたときには、修正するだけではなく、その原因まで明確にし、根本解決を図ってください。

実は、プロセスは正しかったけれど、そもそもこの行動は本当にやりたいことではなかったというようなこともあります。

プロセスは全く問題ないのに、自分のミッションにつながる思いがないために安易な判断をしてしまい問題が起きたということもあるのです。

ミッションにつながらない目標は達成できない

ミッションにつながらない目標を立てると、達成できない可能性が高まります。行動の意欲も、質も高まらないからです。

ミッションとは、わかりやすく言うと、使命のことです。使命とは、「自分はなんのために生きるのか」ということ。

私のミッションは、「歯科医として、日本に欧米と同じレベルの歯科文化をつくる」ということです。

私が立てる目標は、基本的にはこのミッションに連動しています。

ミッションにつながらない目標は、立てても行動が鈍ったり、やめてしまう可能性が高い。習慣を続けるためには、ミッションも重視しなければならないと意識しておいてください。

結局、情熱なくして計画なし

私のセミナーに参加した人から、よく「目標達成のための計画が立てられない」という悩みを聞きます。

こういう人は、情熱不足であることが多い。

計画は、情熱があってこそ立てられます。

「何も思い浮かばない」ということは、何も考えられないということ。

たとえば、アスリートは優勝したいと思うから「どんな練習をするべきか」が明確にわかるのです。

人は思いつめ、追い込まれると、何かしらを絞り出すものです。

本気になれる目標を探すことができれば、何をするべきか、ということは見えてくるものなのです。

目標のレベルが下がりすぎていないか？

「目標は高すぎてはいけない」とよく言われています。

実現不可能な目標は、モチベーションを下げ、行動のレベルを下げてしまい、達成できないと考えられているからです。

私自身は、目標はなるべく高くするべきだと考えていますが、それよりも大切なことが、目標のレベルを下げすぎないということです。

そもそも欲がなければ、人は行動を積み重ねられません。

自分の可能性を、低い位置に設定するのはもったいない。可能性を自分で封じ込めている人が多いのです。

手が届かなそうなことでも、欲しいものだったら取りに行く気持ちは持つべきです。

高い目標に圧倒されている暇があったら、気持ちだけでも奮い立たせて変えていかなければいけません。

私のコーチングを受けている方が、「今度、少し大きな会場でプレゼンをすることになったんですよ」という話をしてきました。

私は、次のようにアドバイスしました。

「パワーポイントを見ないで、プレゼンをしましょう。モニターを背にして、会場に来る人を見て話をしてみてください」と。

初めの内は、自信なさげだったのですが、覚悟を決めて、そうしてみることにしてくれました。

結果は大成功だったそうです。

人間は、**覚悟を決めて自分を奮い立たせると、少々高いハードルなど飛び越えていける**のです。可能性を閉ざすのは、自分自身です。

「目標が低すぎるのではないか」

この視点は常に持って、できる限り高めるようにしましょう。

はじめの一歩を踏み出そう

私は今でこそ、歯科医として認められ、ビジネス書の著者となり、講演なども行なうことができるようになりました。

しかし、もちろん下積みの時代がありました。

質の高い手術ができる歯科医になろうと思ったときには、お金を借りてセミナーに行きました。

稼がなければなりませんから仕事を休むこともできず、毎週金曜日の最終便の飛行機で北海道から東京へ行って、夜の11時頃着き、とても安い宿に泊まりました。

セミナーも最後まで参加すると、東京からの直行便で帯広に帰れず、しかし、東京にさらに一泊すると診療に遅れるので、千歳空港でしばらく時間をつぶし、キヨスクで買ったおにぎりを食べながらセミナーで使ったテキストを復習して、そして寝台列車で帯広に帰るということをしていました。

朝4時頃地元に着いて、それから2時間ほど仮眠し、病院の診療を行なうという生活です。

このように、お金もない中で、勉強会や、講演、セミナーに行きながら徐々に歯科医としてのスキルを身につけていき、成長していったのです。

これはやはり、自分が世界レベルの歯科医になり、そして、自分の病院の経営を軌道に乗せたいという目標があったからです。

十勝帯広に、世界から患者さんが来てくれる病院になりたいという思いがあったのです。

だからこそ、そうやって頑張れました。

「高度な技術を身につけても使う機会はないよ」

「そういう医療をすると、逆にお客さんが来なくなるよ」

「そんなに一生懸命やっていたって、そのうち現実を突きつけられるんだから、そんなに無理して学ぶ必要あるの？」

背中を押してくれる言葉など、かけてもらった覚えがありません。

しかし、背中を押してくれる言葉は与えられませんでしたが、目標があるから行動を積み重ねることができました。

習慣を続けることができたのです。

私自身一つひとつ階段を登っていきましたが、あなたも一歩ずつしっかりと前進してほしいと思います。

あなたは、大きな可能性を秘めているのですから。

第4章 ポイント

- ゴールがわかっているから、そこに到達するまでのルートを見つけることができる。
- 未来の姿と、不足していることでわき上がる恐怖が行動の原動力。
- 他人のための幸せを形づくる目標を立てている人が多すぎる。
- 自分の価値観をあぶり出すには４つの方法がある。
- 細分化されたプロセスをつなげ、ゴールへたどり着けるかどうかのシミュレーションは常に行なっておく。
- ＰＤＣＡサイクルを回すことで、問題点を改善することができる。
- ミッションとつながらない目標を立てると、行動の意欲も、質も高まらない。

第5章

挫折しない人は習慣の本質を理解している

サボらず、先延ばしせず、すぐやる!

純粋に「自分を高める」という動機は強い

私は、情報発信をまずはブログで始め、その後、フェイスブックで行なうようになりました。

これを始めたきっかけは、純粋に自分を高めたいという思いがあったからです。「自分を高めるにはどうすればいいのか」と考えたときに、まずは知識を頭に入れることだと思いました。

本を読んで学んだことや、セミナーや講演で学んだことを自分なりに少しずつまとめて発信していくことによって、自分を成長させようと考えたのです。

人間として、歯科医として成長したいと思いましたし、社会的に認められるためにも、これが必要だと考えました。

情報発信を**やり続けた自分と、やらない自分では、明らかに差が生まれることが目**

に見えていました。

そもそもは自分のために行なっていたことですが、次第に、私の情報発信を待っていてくれる人が出始め、それに後押しされて、喜びを感じながら頑張ることができるようにもなったのです。

これは、今では私の大切な習慣のひとつです。

習慣を続けるために必要なこととは、自分がどういう人間でありたいか、理想の自分とはどんな人間なのかと考えること。

そのベースとなるのは、やはり自分の人間としてのベースとなる部分を底上げし、成長を求め、自分自身を高めることなのです。

そうすることで、自分を認めることもでき、自分を満たすことができるのです。

自分の成長に焦点を当てるということは、習慣化を行なう上でとても効果があります。

挫折知らず！
この期間を乗り越えれば一生続く

習慣は、やり始めてどの程度の期間続ければ、軌道に乗るのでしょうか。

私は、60日の期間、行動をやめなければ、それは習慣化したと言ってもいいと考えています。

この期間中に、行動できない日があってもそれはかまいません。あまりに長い日数をサボってしまえば問題ですが、1、2日やらないことがあってももう一度始められれば大丈夫です。

ただし、もう一度始めればいいのですが、途中やらなかったときの理由は明確にしておかなければなりません。

「なぜ、行動をやめてしまったのだろう？」と考え、行動への動機をさらに高めなければ、やらない日数はどんどん増えていき、習慣化ができなくなってしまうからです。

やることは毎日同じでなくてもいい

私は基本的には、シンプルな行動をやり続けるということが、習慣化を助けると考えています。

ゴールから逆算して計画を立て、「今日、何をすればいいのか」が明確であることが理想です。

誤解してほしくないのは、目標達成につながることなら、毎日同じことをする必要はないということです。

同じようなことをしていたとしても、少し違うことをすることになるのは当然のことです。

シンプルな行動においても、工夫と応用をして、変化を加えていくことによって習慣の質、価値を高めていくことが大切です。

たとえば、筋トレでも、ダンベルの重さを変える、持ち上げる回数を変えてみる、引いたり下ろしたりする速度を変えてみる、体の可動領域を変えてみるなどのことをやっていくべきだと私は思っています。

「今日はこうやってみようかな」と習慣に少しの変化を与えることで、刺激が生まれ、あきることなく続けていくこともできるようになります。

また、行動に変化をつけるということは、より良い方法はないかと考えているということでもあるので、結果を最大化したり、目標達成の期間を早めたりすることにつながります。

忘れてはいけないのは、毎日同じことを繰り返すことに価値があるのではなく、楽しさを感じることに価値があるのでもなく、結果を出すことに価値があるのです。

習慣を続けた先に結果が得られるから、人は頑張れるのです。

定期的にアウトプットして自分の変化を感じ、モチベーションを上げる

習慣化を助けることに、アウトプットする機会をつくるということがあります。

どんなにスキルアップをしても、勉強をしても、体を鍛えても、**使う場所がなければモチベーションは維持できません。**

英語の勉強をしているのなら、外国人と話す機会をつくってみるのはいい手ですし、仕事のスキルアップをしているのなら、実際に仕事で実践してみればいいのです。

私は今回、習慣化をテーマとして本を出版していますので、自分の実践してきたことをアウトプットしているとも言えます。

習慣をやった結果、自分の変化を感じることはモチベーションを高めます。

自分自身で自分の成長を確認したり、成長を他者から認められると、もっと続けようという意欲もわいてきます。

セミナーに来る人の中には、参加することに意義を感じている人がいます。本を読む人の中には、知識を吸収するだけで満足感を得る人がいます。

しかし、それを「何に生かすか」という視点がなければ、それをやった時間は無意味になってしまいます。

アウトプットすることが大切なのです。

セミナーの話で言えば、参加して、講師の話を聞いて、その内容を行動したときにはじめて、セミナーに参加したことに価値が生まれるのです。

定期的にアウトプットすることは、挫折しないためにも、習慣に価値を持たせるためにも必要なことなのです。

習慣と実践を繰り返すことで、モチベーションは下がることなく維持することができるのです。

アウトプットは最強の武器である

アウトプットに関連して、少し私のお話をします。

私がはじめて本を出版したのは2008年でした。タイトルは、『自分で奇跡を起こす方法』です。

これを出版するきっかけとなったのは、習慣で得たものをアウトプットしたからでした。

私はそれまで、ビジネスパーソンとして必要な話し方や経営などスキルの向上のための習慣、成功哲学を深く理解するための習慣を行なっていました。

そんな中、名だたる著名人の方々と同じステージで講演をする場が与えられたのです。

私は自分のこれまでの人生の経験と成功哲学から学んできたことを、話し方やコミュニケーション技術など学んだスキルを生かしながら、気持ちを込めてお話ししました。

そのとき、たまたまその会場に来ていた編集者に、私の本気度、情熱が伝わり、その講演でお話ししたことを1冊の本にすることになったのです。

私は、ここが勝負所だと感じていたので、今まで学んだことをすべて出し切ったのです。その気迫があったためか、その講演会での私の話にはみなさんが耳を傾けてくれました。

私が今まで頑張ってきたこと、そして、自分自身の体験を含めて、世の中に知ってもらいたいという強い思いがあったのです。

日本トップレベルの経営コンサルタント、ビジネス書著者が話をする講演会に参加する、意識の高い人たちに自分を知ってもらえる、こんなにいいチャンスはないと思ったのです。

そういった場で、他の講師陣の方々よりも、人々に感動を与えたいと決意していました。

誰よりも影響力も、名前も浸透していない自分が、どうすれば人々に強い印象を残し、この講演で登壇したことの価値を高められるか、そのことを考えていました。

当然、真剣に練習を繰り返しましたし、ステージに立つときの洋服や見た目に関しても気をつかいました。

洋服も新調しましたし、前日の夜まで話の練習をしたのです。

最後に詩の朗読をする流れをつくっていたのですが、人々に気持ちが伝わる読み方ができるように練習を繰り返してステージに向かいました。

情熱を込めて、今までの人生をかけてアウトプットしたのです。

やはり、本気で何かに取り組んで、アウトプットをすることは大切です。

定期的に習慣で得たことを実践すると、刺激にもなりますし、大きな価値を生み出すことにつながるのです。

習慣テクニックを超える「習慣化の本質」とは？

魚を釣りたい人に、魚をあげても意味はありません。

実は、釣り方を教えてあげても意味がありません。

その前に、「どうしても魚を釣りたいという思い」を高めてもらうことが大切です。

そこさえできれば、魚の釣り方は勝手に学びますし、工夫します。魚が釣れるまで根気強く待つこともできます。

習慣化も同じことだと私は考えています。

習慣化するためのテクニックが無意味だとは思いませんが、それよりも、「これをやりたいという思い」を高めることが一番大事なのです。

ここがなければ、どんなに続ける技術を学んだとしても、習慣化は実現しません。

習慣化したい理由は何なのか、その思いが最も重要なのです。

たとえば、かっこよくなりたいという願望があったときに、その理由は何なのか。大好きな彼女にプロポーズしたいという理由があれば、人は変わろうと頑張るはずです。大好きな人に好かれたいと思ったら、絶対に自分は変わるのです。

ダメな自分のままで相手にアプローチしようとする人はいません。

事業を始めるためにお金を借りて、返済しなければ破産するとわかったら、人はお金を稼ごうと頑張るのです。

人は、行動のための強い理由がなければ動けません。もちろん習慣など続かないのです。

習慣化のテクニックをいくら学んでも、強い思い、動機がなければ習慣化はできません。

たとえ、何十冊の習慣化に関する本を読んだとしても、習慣化が大切だとわかっていても、動機が弱ければ行動は起こさないのです。

いくら勉強のテクニックをたくさん知っていても、勉強の能力が高くても、その勉強をした結果何を得たいのか、もしくは、勉強しないと何を失うのかが強烈にイメージできなければ、勉強はうまくいきません。

やはり人は、得たいという欲求か、失うという危機感がないと、習慣など続かないのです。

これが、習慣化ではとても大切なことであり、習慣化の本質だと私は考えています。

人は自分のためになることには一生懸命になれます。自分のためになることを一生懸命やって満たされた人が、他人のことを考える余裕を持つのです。

習慣をやることによって結果を得る、ということを人生の最優先事項としてください。

変化できる人が一番強い！

『種の起源』の著書で有名な、チャールズ・ダーウィンはこう語っています。
「最も強い者が生き残るのではなく、
最も賢い者が生き延びるのでもない。
唯一生き残るのは、変化できる者である」
と。

この言葉によると、**自分を変えられる人間だけが結果を得ていく**のです。
習慣によって、より成長し変化する自分をつくる人だけが目標を達成できるのです。
習慣に関しても、状況の中で行動を変化させ、最善の策を取れる人がうまくいきます。
人や出来事、環境に対して柔軟に対応することこそ、一見回り道でも、最短で目標を達成することにつながるのです。

大人の世界では、頭がいいだけ、気持ちや肉体が強いだけの人は目標を達成できません。

あたりまえですが、達成するまで行動し続けた人が、最終的に望みを叶えるのです。

習慣をただ行なうだけではなく、臨機応変に考えて行動していける人が目標を達成していきます。

凝り固まった頭で、ただただ決めたことを毎日繰り返すだけでは、ちょっとした状況の変化に対応できなくなり、習慣が途切れてしまいます。

常に、受け身で習慣をこなすのではなく、自分の頭で考えながら自発的な行動をとっていかなければ、目標達成に向かう充実した日々を過ごすことはできません。

挫折しないためにも、変化する意識を持っておいてください。

失敗の概念を変えよう

習慣を続ける上では、失敗という概念をネガティブなものだと捉えてはいけません。

失敗はなぜ、起こるのか。

それはあなたが、新しいことに挑戦しているからです。**今まで経験したことがないことに挑まなければ、失敗などすることはありません。**

以前やったことがあることを繰り返しやっていても、現状維持しかできません。もしかしたら、現状維持すら難しいかもしれないのです。

あなたが、自分を変えるために、新しい習慣を始めるから、失敗は起こります。つまり、失敗するということは、以前のあなたより成長しているということなのです。

失敗しないということは、挑戦しないということ。

失敗してはいけない、と思う人がいるかもしれませんが、ポジティブな失敗なら経験するに越したことはありません。

失敗することで、目標を達成するための必要な要素が見えてくるからです。

現状に居座ることは、心地良いかもしれません。しかし、問題解決力は一向に高まらないのです。

あなたが習慣を続けたいのなら、失敗した程度のことで、心を折ってあきらめるということはしてほしくありません。

失敗は、問題を発見させてくれ、目標を達成するための重要なカギとなるのです。

今まで乗り越えていないものを乗り越えようとすることで、行動の質は磨かれていくと知っておいてください。

〝当然感〟を潜在意識に刻み込む

「自分は目標を達成する人間としてふさわしい」

こう確信することは、習慣に挫折しないための鉄則です。

とは言っても、まだ目標を達成していないうちは、なかなかそう思えないかもしれません。

しかし、信念がなければ、目標達成までたどり着けない現実も事実としてあります。

もし、習慣を続ける自信がなくなったときには、こう自分を励ましてみてください。

「私は、今まさに、目標を達成しつつある」

と。

こうすることで、自分の弱さなどからくる、自分を否定する気持ちを打ち消すことができます。

多くの人は、自分を変えたいと思いつつも、実は心の底で変わりたくないと思っているものです。

現状は心地いいのです。

だから、人は何か新しいことを始めようとすると、それを打ち消すようなことをしてしまいます。

誰に聞かせることもありません。

目標を達成していく人は、「自分は目標を達成して当然だ」と潜在意識に刻み込む人なのです。

第5章
ポイント

◎ 自分の変化を感じることでモチベーションは高まる。

◎ 定期的にアウトプットすることは、
挫折しないためにも、習慣に価値を持たせるためにも必要。

◎ 習慣化するためのテクニックより
「これをやりたいという思い」を高めることが重要。

◎ 習慣をただ行なうだけではなく、
臨機応変に考えて行動していける人が目標を達成する。

◎ 今まで乗り越えていないものを乗り越えようとすることで、
行動の質は磨かれる。

第6章

運がいい人の小さな習慣

行動の積み重ねをムダにしないために

不運は裏返すと幸運になる

この章では、運をつかむための習慣についてご紹介していきます。

行動を積み重ね、習慣を続け、何かを身につけたり、何かを得ることはとても大切なことで、人生の価値を高めることになります。

しかし人生では、時には運に味方されたり、見放されたりといったことが起こってしまうのも事実です。

だからこそ、習慣を続け努力をしながら、運も味方にすることで、大きな結果を得られたり、自己実現することがより可能になってきます。

運に頼りたくないという気持ちはわかります。しかし、一流の経営者や歴史上の人物などが、運に助けられたという話はよく耳にします。

運を味方にする、不運を避けるための心構えは知っておくべきだと私は考えています。

運を味方にする上で大切なのは、まずは**今の自分を過去の自分と切り離して認めてあげること**です。

「あなたは運がいいですか、悪いですか?」と聞かれたときに、今まで運が悪かったと思っている人は、必ず過去の自分を振り返り、良くない結果だった出来事にフォーカスしてしまいます。

過去の事例でしか運を語れない人は、運をつかむことはできません。

過去の人生がうまくいっていれば運がいい、過去の人生がうまくいっていなければ運が悪い、こういう考え方を多くの人がしているということです。

しかし、これをいったん冷静になって考えてみると、出来事への意味付けと解釈によって、運不運を決めているということです。

たとえ、うまくいかなかったことがあったとしても、それを価値に結びつけた考え方ができれば、人生の出来事はすべて自分にとって良いことになるのです。

だとしたら、それを繰り返していった10年後は、全部自分にとって良いことが起こったことになります。つまり、運のいい人生しかあり得ないのです。

誰もが知っている大経営者はあるとき、海に落ちてしまったのだそうです。普通なら、運が悪かったと思うはずですが、その経営者は「自分は泳ぎを練習していたから ちょうど良かった」「これが冬ではなくて良かった」と解釈したそうです。

運がいい人は、出来事を自分のいいように解釈しているのです。

ものには必ず裏表があり、正負があり、陰陽があり、必ず自分の見ている面とは逆の面があるのです。どんなことも、最低でも2つのものの見方ができます。

あるボクシングのチャンピオンも、負けた敗戦をどう捉えるかによって自分の人生が変わったと語っていました。

辛い教訓を与えられただけで失敗に終わってしまったと考えれば不運ですし、勝つための課題が見つかったと考えれば、次へのチャンスをつかんだことになるので運がいいのです。

人生で起こることの捉え方を変えていけば、不運を避け、運をつかむことは可能なのです。

人が寄ってくる雰囲気とは？

運がいい人の特徴に、いつも笑顔でいるということがあります。

人間は、どうしても人とつながりながら生きていかなければなりません。

いつも不機嫌な人には誰も近づきませんし、ご機嫌な人と接したいと誰もが思います。

人生では他者がチャンスを運んでくることもありますので、人を寄せつけない要素はなるべく持たないほうがいいのです。

笑顔は人に対して好感を与えますし、自分の心の状態も明るく前向きにしてくれるので、運を良くしていきたいのなら必須です。

そして、笑顔で他者を一度受け止めてあげる。否定しない。

相手が不快にならない言葉を使って、コミュニケーションをとることが大切です。

嫌な気分を一新する感情コントロール法

運を味方にするためには、感情コントロールをすることが必要不可欠です。

時には不機嫌になることもあるかもしれませんが、それを引きずって長引かせるのは得策ではありません。

接する人もみな不快になってしまいますし、自分自身も冷静さを失い、正しい判断ができなくなってしまいます。

自分が不愉快になってしまうのは、自分の器の大きさを超えた出来事が起こったときです。**自分の価値観から、大きく外れた出来事やコミュニケーションをとられると生まれる感情**なのです。

対人関係で不愉快にされたとき、人は感情を乱します。もし、あなたにとって不愉快なコミュニケーションをとる人がいたら、こう考えてみてください。

かわいそうな人だな、と。

不愉快なコミュニケーションをとってくる人は、誰にでも同じような感情を抱かせているのです。あなただけということはありません。そんなコミュニケーションのとり方をする人とは、誰も人間関係を築こうとは思わないでしょう。

この人は、みんなから嫌がられているのではないかな、と思えてくると、その人に対しての怒りはわいてきません。だから、そういう人から何を言われても気にする必要はないのです。

嫌なことを言ってくる人がいたら、「この人は、みんなを不快にさせているんじゃないかな。その結果、孤独を感じているんじゃないかな」と心配してあげるくらいでいいのです。

自分が徳を積むことにもなりますし、人間的な器を大きくするチャンスを与えられているというくらいに捉えておけばいいのです。

人は、相手から不快感を与えられると、それを怒りに変えてしまう傾向があります。そうすると、お互いにマイナスでしかありません。マイナスをプラスに転換することが大切です。

エネルギー量でつき合う人を選ぶ

どんな人とつき合い、人間関係をつくるのか、ということは運をコントロールするためにとても重要です。

笑顔でポジティブな言葉を発する人。

仕事で波に乗っている人。

コツコツ努力をしながら確実に成長している人。

こういう人と、一緒に時を過ごせば運は良くなっていきます。

これらの人々は、エネルギーに満ちています。そのエネルギーを共有することによって、自分のエネルギーも高まっていきます。そうすると、やる気も行動力も高まっていくのです。

環境が「ふさわしさ」をつくる

身を置く場所にこだわることも大切です。

良い環境には、良いエネルギーが流れています。

その環境のエネルギーをシャワーのように浴びると、そのエネルギーを身にまとうことになるので、いい雰囲気を醸《かも》し出すことにつながります。

いい環境で時を過ごす人はいい雰囲気を身にまといますし、悪い環境で時を過ごす人は、それに影響を受けて良くない雰囲気を身にまとうのです。

なぜなら、環境によって接する人が違うからです。

自分の立ち居振る舞いも、気をつかうポイントも変わってきます。良い環境に身を置くだけで、その環境にふさわしい人になってしまうのです。

私は東京に定宿がありますが、なぜそのホテルにいつも泊まるのかといえば、**そこ**

にふさわしい人間としての雰囲気を身にまといたいからです。

その場に見合った自分の立ち居振る舞い、仕草を持ちたい。

そのホテルは、国内外の多くの著名人が利用しています。だから、一流の人たちの立ち居振る舞いが身につくのです。

お茶や、お花をやっている人は、しぐさがきれいです。

バレエをやっていた人は、きれいな姿勢をしています。

それが身についたのは、そういう人しかいない環境にいて、そうすることが当たり前だったからです。

人間は環境に影響を受けるものです。その環境に見合った自分を意識的にも無意識的にもつくっていくのです。

身にまとう雰囲気が変われば、思考が変わります。思考が変われば行動も変えることができるのです。身にまとう雰囲気は、あなたの人生のステージを高めてくれるのです。

つかみとるために一気にアクセルを入れる

運をつかむためには、エネルギーが必要ですし、なおかつ、パワフルであることが大切です。なにも、いつもパワーみなぎる自分を外に見せなさいということではありません。エネルギー、パワーを自分の中に秘めていることが大事なのです。

習慣を続けるためにも必要だと言ってきたのですが、常に結果にこだわっていると、エネルギーやパワーはわいてきます。

結果というのは、常に本気で物事に向かうことで生まれます。自分の本気から生まれるエネルギーとパワーはとても大きなものなのです。だからこそ、私はやるからには常に結果にフォーカスしていますし、そのおかげで本気で行動することができます。

何事も、ただただやろうと思っていないのです。本気で生きる人に、人々は魅了されます。そして、また接したいと思うものなのです。

頭のテンポを速め、運に接する機会を増やす

頭のテンポを速めるということも、運をつかむには有効です。どんどん物事を処理していくことができるので、その分チャンスに触れる機会が増えるからです。

これは、**一つひとつの判断を速める訓練をすることで実現されます。**グダグダと迷わないことです。

迷わないための秘訣は、明確な自分軸を持つということです。自分の価値観が明確なら、「こう考える」「こうしたい」という判断を即座にしていくことができます。

単純に言ってしまえば、辛いものが好きな人だったら、目の前に甘いものと辛いものを出されたら、迷うことなく辛いものを食べられるということです。

「何を食べたい？」と聞かれたときに、迷ってしまうということは自分の中に基準が

ないということの証明なのです。

「甘いものがいいかな、辛いものがいいかな。今日何を食べたい気分かな」などと考えていては、物事の処理速度は遅くなってしまいます。

さらに、自分の中の基準を高めることも意識してみてください。

基準が高いと頑張りが効きます。

判断した後の動き出す速度も行動の質も高まるのです。

たくさんの人、出来事に出会うと、それだけチャンスの数も増えます。

速い判断と、速い行動で、多くの物事を処理しながら、それに関わる多くの人と接していくことで、運はつかみやすくなるのです。

チャンスは選り好みすることができない貴重なもの

チャンスは、いつ舞い込んでくるかわかりません。そう考えると、物事はすべてチャンスだと捉えたほうがいい。

たとえば、出版について考えてみると、大手出版社からはベストセラーも当然出ますが、そうでない本も出ます。中規模の出版社からもベストセラーが出ますし、そうでない本も出るのです。

そう考えると、常にチャンスはあると考えながら本気で物事に向き合うしかないのです。いつも自分の力を出し切っていくべきです。中途半端な力で物事に向かっても、チャンスはつかめません。チャンスは常に、本気でやり続けている人しかつかめないのです。

同じ努力をするなら、より大きな舞台でするに限る

私は、場所によって運をつかむ確率が変わるのではないかと考えています。やはり、自分の欲しい結果が得られる場所にどんどん移動していったほうがいいと思うのです。自分の能力を生かせそうな会社があるのなら、思い切ってそこに飛び込んでみていいのではないでしょうか。自分がなりたいようなあこがれの人がいるのなら、その人に接することができる環境に身を置いてはどうでしょう。

チャンスをつかみにいく、という意識を持ってもらいたいと思うのです。

私自身、ビジネス書の世界に身を置き、出版のために、週末は北海道から東京に移動しているのです。

私はチャンスがありそうだと感じたら、積極的に移動するようにしています。

歯科医としてのレベルを上げるために、ニューヨークに行く機会も多いです。

もちろん、歯科医としての専門性を高めるために行っているのですが、ニューヨークのエネルギーの強さには驚かされます。

ニューヨークよりも素敵な場所はいくつもありますが、そのエネルギーに勝る場所はありません。

一旗揚げようと思ってニューヨークに飛び込んでいく人がいるのも納得できます。芸術家でも、音楽家でも、ダンサーでも世界のトップを目指すような人はニューヨークに行くのです。

ニューヨークを制するということは、世界を制するということなのでしょう。

同じ努力をするなら、大勝負ができる場所でするべきです。

成長のためには、どんな所にいても、結局、必要な努力をしなければなりません。だからこそ、もしあなたが選べるのなら、得られる結果が大きい場所で努力してほしいと思います。より大きな結果を得られる所で、あなたの力を発揮するのです。

ほめ合っても恥ずかしくない人間関係をひとつ持つ

人は1日の内に自分自身に、何回も何回もネガティブな言葉を投げかけていると言われています。

ネガティブな言葉をどんどん浴びてしまうとそれに影響されて、マイナスのマインドができ上がってくるということは、誰もが納得できるのではないでしょうか。

では、自分自身にポジティブな言葉をかければいいじゃないか、と思われる人がいるかもしれませんが、それもなかなか難しいものです。

気がついたらネガティブなことを考えていたということはよくあるのですが、気がついたらポジティブなことを考えていたということはあまりないのではないでしょうか。そのくらい、人間はネガティブになりがちなのです。

自分にポジティブな言葉をかけて、対話する意識を持つことはもちろん大切なのですが、もっと簡単にポジティブな言葉を自分にかける方法があります。

それは、**無条件であなたのことを受け入れてくれる人を見つけ、接すること**です。

実は、誰にでもひとりはそういう人がいるものです。

パートナーや友人、同僚など、あなたのことをいつも温かく包み込んでくれる人がひとりはいます。そういう人は、あなたが自慢話をしたとしても、実現不可能そうなことを言ったとしても、批判することなく受け入れてくれます。

「すごいね」「楽しみだね」「きっとできるよ」

あなたの思いを話すことで、こう言ってくれる人が必ずいます。

あなたを無条件で受け止めてくれる人がいると、やはり心は良い状態になります。

アスリートの専属コーチにも、ほめる人が多いものです。この事実からも、良い言葉をかけられることで、パフォーマンスが変わることがわかるのではないでしょうか。

あなたの自己肯定感を高めてくれるような人と、定期的に会って、話をする時間を取りましょう。そして、相手にも良い言葉を投げかけてあげてください。

お互いに、良い心の状態をつくり合える関係を結びましょう。ほめ合う仲間ほど、あなたのパフォーマンスを引き出してくれる人はいません。

感謝と準備で自分を緊張から解いてあげる

良い緊張感を持つことは大切ですが、緊張し過ぎは良くありません。強い緊張はパフォーマンスの質を下げてしまいます。**パフォーマンスの低下は、チャンスを逃す原因となります**。

私は1000人ほどの人が集まる講演会などもたまにさせていただきますが、緊張して頭が真っ白になるということはありません。

結果にこだわるという視点を持てば、大人数の前でお話ししたほうが、多くの感動を与えることができます。実績にもなるのです。

こんなチャンスは二度とないという気持ちでいますし、講演を開催させてくれたスタッフ、お客さんに感謝しかないのです。

この状況を与えられている自分は、とても恵まれていると感じます。

緊張よりも、感謝のほうが大きいのです。

もし、緊張しやすいという人は、この場所を用意してくれた人々に感謝の気持ちを持ってみてください。

そうすると、緊張がやわらぎ、前よりもリラックスした自分を感じることができるようになります。

ただし、感謝することで緊張はだいぶ抑えることができるのですが、ここ一番のときは、それでも誰もが緊張してしまうのも事実です。

特に、重要なプレゼンのような、絶対に自分の意見を通したいときほど緊張するものです。これはやはり、不安があるから緊張してしまうのです。

つまり、自分の積み重ねてきたことや、ものに自信がないということです。

これは、とにかく十分な準備をするクセをつけるしかありません。準備を完璧にやり切ったら、これでダメなら価値観が合わないだけで、自分の努力不足ではないと思えます。ネガティブになることはありません。

私が大勢の人の前で緊張しないのは、感謝することと、しっかりとした準備を行なうからでもあります。

他者に結果を出させてあげる

習慣を続け、結果を出すと、ゆるがない自信が生まれます。

自分という人間は結果を出してきたという自負、これはあなたをひと回りもふた回りも大きくしてくれます。

先ほど大勢の人の前でお話しする機会をいただくこともあると述べましたが、自分が認められたからあの場に立つことができたのです。

結果を出し、さらなる高いステージに立たせてもらうと、より自信は高まります。

自分がやってきたこともすべて肯定することができるようになるのです。

だから、自信をつけるための努力を普段からしていれば、緊張というのはなくなるのです。

そうすると、パフォーマンスを発揮することは難しくはなくなります。

では、自分をそこまで高められたら、次の段階ですることは、なんでしょうか。それは、あなたに関わる人に結果を出させてあげるということです。

あなたに関係する人の結果のために、そのパフォーマンスを発揮していくのです。

あなたが、相手のために尽力して、助けとなれば、さらに関係は強固になっていき、信頼が生まれます。

信頼関係が結ばれれば、また何か一緒にやろうとなるのです。

こうすることで、さらにチャンスは巡ってくるようになります。

私の講演もそうですが、私ひとりの力で成功させられるものではありません。スタッフのみんながいるから、共同で結果を生み出していくことができるのです。

そして、お互いに結果を出すために協力し、助け合うことで、より信頼関係が強まり、次の仕事も決まっていくのです。

自分に自信がついたら、その後は、他者のために頑張ってみることです。

思い切ってありのままを見せる

講演では、質疑応答の時間が設けられます。

このときは、自分の予想外の視点から質問がくることもあります。

しかし、私は動揺することはありません。

なぜなら、私は正解を話そうとも、正しいことを話そうとも思わないからです。自分はこう考えるということを言い切ります。

どう思われてしまおうが、等身大の自分を表現するしかないのです。礼儀礼節を守りながら、今の自分の中にあるすべてをお話しするようにします。

人とコミュニケーションをとるときに、口ごもってしまったり、あいまいなことを言うと関係がうまくいきません。

人と人との関係の中からチャンスは生まれることが多いので、相手との関係構築はとても大事なのです。

ビジネスとは、よく考えてみると、人と人とのつながりで成り立っているのですから当然です。

相手は、あなたに正解を聞きたいわけではありません。どう考えているのかを知りたいのです。

だから、礼儀礼節を守りながら、自分の思ったことを話せばいいのです。

潜在意識を使いこなし、味方につける

最後に潜在意識の話をしておきたいと思います。

潜在意識にどういうインプットをしておくと、人生はうまく回っていくのでしょうか。

潜在意識にインプットするべきことは、生き抜くための原理原則です。つまり、人間力を高めるための考え方と情報をインプットすればいいのです。

私が人間力を高めるためにおすすめするのが、歴史の本、古典、世に名を残した人の名言や格言がまとめられている本を読むことです。

そういった、時代を超えて残っている本を読むことで、生きるための知恵を吸収していくことには意味があります。

長く愛されている本というのは、やはり価値があるのです。人間であったり、世の中の原理原則を教えてくれます。

そこからは、普遍的な学びを得ることができます。

そういう知恵を自分の中に取り込んでいくと、いざというときに、潜在意識が働いてくれます。

潜在意識は、あなたを目標達成に導いてくれ、あなたにとっての問題も解決してくれるのです。

第6章
ポイント

- 運不運は意味付けと解釈によって自分で決められる。
- 人を寄せつけない要素はなるべく持たない。
- 自分が不愉快になってしまうのは、自分の器の大きさを超えた出来事が起こったときだと知っておこう。
- 身にまとう雰囲気が変われば、思考が変わり、行動も変わる。
- 速い判断と、速い行動が運を引き寄せる。
- 同じ努力をするなら、大勝負ができる場所でするべき。
- あなたを無条件で受け止めてくれる人がいると、心は良い状態になる。

エピローグ
1秒もムダにせず生きる

たとえば、自分が死亡した後に、
10分だけ生きられるチャンスが与えられたとしたら、
あなたは必死に生き、濃密な時間を
過ごそうとするのではないでしょうか。

あと10分だけ使えるとすれば、
やり残したことのために
躊躇《ちゅうちょ》することなく行動し、
全力を傾けることでしょう。

絶対に10分という時間を
ムダに浪費することはないはずです。
時間の大切さに気づけない人は、
なかなか行動できないので、
チャンスを手放しているといえます。

今こそ、行動を始め、
習慣を始めるときです。
はじめの第一歩を踏み出して、
結果を得るために前進しましょう。

井上裕之

井上裕之（いのうえ・ひろゆき）

歯学博士、経営学博士、医療法人社団いのうえ歯科医院理事長、東京医科歯科大学非常勤講師を含め国内外５大学非常勤（客員）講師、世界初のジョセフ・マーフィー・トラスト公認グランドマスター。

1963年北海道生まれ。東京歯科大学大学院修了後、「医師として世界レベルの医療を提供したい」という思いのもと、ニューヨーク大学をはじめペンシルベニア大学、イエテボリ大学などで研鑽を積み、故郷の帯広で開業。

その技術は国内外から高く評価されている。報道番組「未来世紀ジパング」にて、最新医療・スピード治療に全国から患者殺到ということで取り上げられる。

また、本業のかたわら、世界中の自己啓発や、経営プログラム、能力開発を徹底的に学び、ジョセフ・マーフィー博士の「潜在意識」と、経営学の権威ピーター・ドラッカー博士の「ミッション」を統合させた成功哲学を提唱。

「価値ある生き方」を伝える講演家として全国からも依頼が殺到し、好評を博している。

著書は累計発行部数130万部を突破。

実話から生まれたデビュー作『自分で奇跡を起こす方法』（フォレスト出版）は、テレビ番組「奇跡体験！アンビリバボー」で紹介され、大きな反響を呼ぶ。『なぜかすべてうまくいく1%の人だけが実行している45の習慣』（PHP研究所）、『悪いエネルギーは1ミリも入れない』（すばる舎）、『会話が苦手な人のためのすごい伝え方』（きずな出版）など、ベストセラー多数。

本物の続ける力

2019年8月30日　第1版　第1刷発行

著　者　　井上裕之

発行所　　WAVE出版
〒102-0074　東京都千代田区九段南3-9-12
TEL 03-3261-3713　　FAX 03-3261-3823
振替 00100-7-366376
E-mail : info@wave-publishers.co.jp
http://www.wave-publishers.co.jp

印刷・製本　萩原印刷

NDC141　192p　19cm　ISBN 978-4-86621-230-2